주민과 함께하는

농촌관광마을
만들기

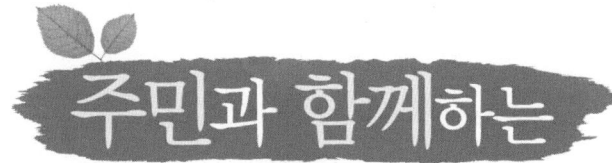

주민과 함께하는

농촌관광마을 만들기

안종현 지음

KSI 한국학술정보㈜

    선진국에서 농촌관광은 오랫동안 농촌의 사회경제적 개발과 재생의 효과
적인 촉매제로 여겨져 왔다. 보다 엄밀히 말하자면, 전통적인 농업이 쇠퇴한
외곽 농촌지역에서 농촌관광은 소득과 고용을 창출하는 효율적인 방안으로
다양하게 추진되어 왔다. 우리나라도 2000년 이후 다양한 주체들이 그린투
어리즘에 기초한 농촌관광마을 만들기 사업을 추진하고 있다. 이러한 사업
은 과거의 농가 개별 보조사업과 달리 마을 공동사업에만 지원하고, 나아가
주민 스스로 사업계획을 수립하고 추진하도록 하는 상향식 사업들이다.

    본 연구는 '농촌 활성화를 위한 농촌관광마을 만들기에 있어 주민참여의
특징과 그로 인한 마을 만들기의 효과는 어떠한가'라는 문제의식을 가지고
연구를 진행하였다. 본 연구의 주요 목적은 농림부의 녹색농촌 체험마을 시
범사업에 선정되어 농촌관광마을 만들기가 진행된 광양시 봉강면 '신촌마
을'과 장흥군 회진면 '진목마을' 주민의 주민참여의 경험적 분석을 통하여
마을 만들기의 효과에 대하여 논의하고 그에 따른 정책적 시사점을 제시하
는 데 목적이 있다.

    본 연구의 주요 내용은 농촌관광마을에 관한 이론적 배경, 광양시 봉강면
신촌마을의 사례연구, 장흥군 회진면 진목마을의 사례연구, 그리고 농촌관광
마을 만들기의 특징과 성과의 마을 간 비교·분석 등 크게 네 부문으로 구
성되어 있다.

    본 연구는 이러한 연구목적을 효율적으로 달성하기 위하여 국내외에서 발
표된 선행연구를 중심으로 연구의 이론적 근거를 마련하였으며, 사례연구에

대한 실증적 분석을 통해 연구를 진행하였다. 특히 사례연구는 문헌연구와 심층면접, 설문조사를 병행하여 진행하였다. 아울러 연구주제와 관련하여 연구자료는 사업계획서, 마을 회의자료, 사업일지 및 신문기사 등을 통해 수집된 자료를 연구에 이용하였다. 이러한 과정을 통해 논의된 연구결과를 요약하면 다음과 같다.

1) 두 마을의 주민참여의 특징을 비교·분석한 결과, 주민참여의 다양한 스펙트럼이 존재한다는 것을 알 수 있었다. 녹색농촌 체험마을 사업의 목표에 있어 신촌마을 주민은 '도로나 주택, 상하수도 등 마을의 기반시설을 개선'하는 것을 목표로 생각했고, 진목마을 주민은 '농산물 판로 개척 및 신규 소득 작목을 개발'하는 것을 목표로 생각하고 있었다. 또한 사업 참여 이유에 있어서 신촌마을 주민은 '미래 효과를 위해'를 가장 높은 이유로 생각한 반면, 진목마을 주민은 '소득증대에 직접적으로 도움이 되기 때문'이라는 응답이 가장 많았다.

2) 체험 프로그램을 비교·분석한 결과, 두 마을 모두 체험 프로그램이 활성화되어 있지 않았다. 이는 체험 프로그램을 운영할 적합한 인력이 없는 점도 있지만, 그 자체로는 소득이 크게 발생하지 않기 때문이기도 하다. 그렇다 하더라도 농촌관광마을에서 체험 프로그램이 빠진다면, 소득과 연계시킬 수 있는 요소가 없기 때문에 음식판매, 민박, 특산품 판매 등과 연계하여 농촌관광 상품을 개발하는 것이 선결해야 할 과제로 대두되었다. 무엇보다도 체험 프로그램에 대한 인식의 전환이 필요함을 알 수 있다.

3) 경제적 변화 측면을 비교·분석한 결과, 두 마을은 각각 장단점을 가지고 있었다. 먼저 신촌마을은 하계에 많은 피서객이 방문함으로써 마을소득을

올리고 있었으며, 진목마을은 쇼핑몰을 통한 호박 판매와 '못생긴 호박축제'를 통한 음식, 특산물 판매가 두드러진 특징이었다. 또한 사업을 통해 신촌마을은 마을창고를 리모델링해 마을 어메니티를 한층 부각시키고 있었으며, 황토찜질방 운영을 통해 운영비의 일부를 충당하고 있었다. 그러나 진목마을은 다목적체험관 등 시설물에 의한 경제적 효과는 전혀 발생하지 않고 있었다. 마을별로 특산품 판매를 보면, 신촌마을과 진목마을 모두 배, 호박 등 마을특산품의 판매가 체험마을로 선정되기 전보다 눈에 띄게 증가하였다.

4) 사회적 변화 측면을 비교·분석한 결과, 두 마을 모두 마을리더와 주민들 간에 크고 작은 마찰과 분쟁이 있어 왔다. 그러나 결과적으로는 두 마을이 다른 양상을 보였다. 신촌마을은 체험마을추진위원장과 마을 이장을 겸임하는 마을리더가 뛰어난 리더십으로 마을을 이끈 결과, 2007년에 행정자치부의 정보화시범마을에 선정되어 마을에 3억 원을 유치하는 등 역할을 하고 있는 반면, 진목마을은 사업출범 당시 이장이 마을사무장으로 직을 바꿔 사업을 추진하다가 추진위원 간 갈등이 생겨 완전히 사업에서 손을 떼고 평범한 마을 주민으로 돌아갔다. 새로이 체험마을 사무장이 들어왔으나, 현재까지도 불협화음은 지속되고 있으며, 못생긴 호박축제도 폐지하자는 의견이 비등하는 등 두 마을은 사뭇 다른 양상을 보이고 있다.

5) 두 마을의 성과와 문제점을 비교·분석한 결과, 두 마을 모두 기본적으로 다른 마을에 비해 여러 가지 편의시설이 신축 또는 리모델링됨에 따라 정주환경이 개선되는 효과를 가져왔다. 또한 각 마을의 특산품인 배와 호박이 마을별로 브랜드를 가지고 판매됨으로써 사업 전보다 훨씬 체계적인 판매와 유통이 이루어지고 있었다. 특히 신촌마을은 행자부의 정보화시범마을에 선

정되는 쾌거를 이룸으로써 관련 사업과의 연계를 통해 한층 더 마을을 부각시킬 수 있게 된 점은 특징이다. 반면 문제점으로는 두 마을 모두 마을리더와 주민들 간에 완벽한 협조체계가 미흡하다는 점이다. 또한 두 마을 모두 주민들의 실질적인 소득과 연계되는 사업이 부족하다는 점을 들 수 있다.

6) 진목마을의 못생긴 호박축제에 방문한 관광객의 관광행태를 분석한 결과, 유아~초등 6학년의 자녀를 둔 30대 이상의 대졸 이상 고학력자층이 축제에 방문한 것을 알 수 있었으며, 이들은 1인당 10,989원을 지출한 것으로 분석되었다. 또한 농촌관광 추구편익을 보면, 마을의 특산물과 음식을 즐기고 풍요로운 자연환경과 경관을 만나며 가족 및 친지들과 가족애를 돈독히 하는 것을 농촌관광의 추구편익으로 생각하고 있었다. 그리고 마을축제가 필요하다는 의견이 필요치 않다는 응답보다 월등히 앞선 것으로 나타났으며 마을축제가 도농교류를 증진시킨다는 의견이 그렇지 않다는 응답보다 높게 나타남으로써 마을축제가 도농교류에 긍정적 영향을 미칠 것으로 생각하고 있었다.

농촌관광마을 조성에 있어 목표설정은 가장 중요하며 분명해야 하고 해당 마을 주민이 동의하는 것이어야 한다. 왜냐하면 농촌관광은 마을 주민의 참여 없이는 지속될 수 없으며 나아가 경제효과 없이는 마을 주민의 참여는 더욱 어렵기 때문이다. 따라서 이러한 점을 고려해 해당 마을의 농촌관광의 목표를 설정하여야 한다. 농촌관광은 마을 주민이 직접 참여함으로써 마을 계획을 수립하고 마을 주민 주도를 위한 사람 만들기가 향후 농촌관광마을 만들기에 있어서 고려해야 할 중요한 요소라고 할 수 있다.

차 례

제1장

서 론

농촌관광마을 만들기의 필요성

1

농촌은 우리나라를 구성하는 한 지역으로서 그 나름의 기능과 역할을 통하여 개성과 다양성을 유지하며 발전해 왔다. 그러나 1960년대 이후 양적 성장 위주의 수출 주도형 경제정책을 추진함에 따라 급속한 산업화와 도시화 과정을 겪었고, 그 과정에서 1차 산업에 기반을 둔 농촌은 자연스럽게 등한시되었으며 도시와의 격차가 심화하였다. 또한 농촌의 인구감소,[1] 소득기회의 감소, 교육·의료·문화 등 정주환경의 열악함 등의 내적 요인과 다자간 통상협정인 WTO협정, 2007년 4월 타결된 미국과의 자유무역협정(FTA)[2] 등의 외적요인으로 우루과이라운드(UR) 이후 또 한 차례의 심각한 위기를 맞고 있다. 농촌은 이미 (초)고령화 단계에 진입해 있으며, 그에 따른 노동력의 급격한 감소와 후계인력의 부족, 품질개선의 부진 등은 생산량과 소득을 감소시키는 직접적인 원인이 됐으며 농촌의 경제적 빈곤을 더욱 심화시켰다.

---

1) 농촌 인구는 1960년 72.0%에서 2000년 20.3%, 2005년 18.5%로 지속적으로 감소하고 있다. 인구 2,000명 미만인 면이 1985년 불과 9개에서 2000년 170개로 증가하였다. 면 전체에 걸쳐 인구 2,000명이 되지 않는다는 것은 면 소재지 기능이 심각하게 훼손될 수 있다는 것을 의미한다(한국농촌경제연구원, 2006: 6~7).

2) 한-미FTA가 2009년부터 발효되는 것으로 가정했을 때, 한-미FTA 이행에 따른 국내 농업생산 감소액은 발효 후 5년차에 4,465억 원, 10년차에 8,958억 원, 15년차에 1조 361억 원으로 추정되고, 농업생산액 감소를 토대로 추정한 농업취업자 감소는 5년차에 18,330명, 10년차에 35,450명, 15년차에 41,430명으로 추정하고 있다(한국농촌경제연구원, 2007: 13)

궁극적으로 모든 농업정책이나 농업과 관련된 문제는 소득문제로 귀착되는데, 지금 우리나라가 겪고 있는 문제는 농업소득과 농외소득으로 구성된 농가소득 중 농업소득이 48%[3]를 차지하고 있다는 점이다. 선진국에 비해서 농외소득의 비중이 낮기 때문에 어려움이 가중되고 있는 것이다. 이를 극복하기 위한 방안으로 크게 두 가지 측면을 살펴볼 수 있는데, 첫째, 농업소득을 유지하는 방향은 규모화를 추구하여 경쟁력을 강화하는 방향 또는 직불제를 확충해서 농가소득을 보상하는 방안이다. 둘째, 농외소득을 바로 기회요인이라 볼 수 있는데, 현재 농촌을 대상으로 한 여가수요가 증가하고 있다는 점이다. 도시민들의 농촌에 대한 인식이 단순한 식량생산기지로부터 한 걸음 더 나아가 쾌적한 생활과 휴식을 제공하는 공간으로 변화되고 있기 때문이다.

농촌의 다원적 기능에 대한 국민의 인식 확대와 주 5일 근무제, 주 5일 수업제, 휴가분산제 실시, 완전노령연금 지급의 개시, 참살이(웰빙)[4] 추구의 라이프스타일(lifestyle) 확산 등에 따라 자연을 동경하고 전원을 지향하는 도시민의 농촌관광 수요가 증가하고 있다. 특히 초고속 통신망의 구축과 도로교통의 정비 등 농촌지역에 대한 접근성의 개선도 그 수요를 더욱 가속화시킬 전망이다.

유럽에서 농촌관광은 오랫동안 농촌의 사회경제적 개발과 재생의 효과적인 촉매제로 여겨져 왔다. 보다 엄밀히 말하자면, 전통적인 농업이 쇠퇴한 원격 농촌지역에 농촌관광은 소득과 고용을 창출하는 효율적인 방안으로 다양하게 추진되고 있다(Sharpley, R., 2002: 233). 우리나라의 농촌관광은 경제협력개발기구(OECD) 국가와 유사하게 1990년대 이후 늘어나기 시작했는데 특히 전체 관광부문에서 좁은 의미의 마을 단위 농촌관광 수요 비중은, 2007년 2.2%에서 2012년 3.4%로, 2017년에는 5.3%로 늘어나며, 넓은 의미[5]의 농촌관광 수요

---

3) 전체 농가소득 중 농외소득의 비중을 보면, 일본 87.0%(2000년), 대만 83.1%(1998년), 미국 88.6%(1997년), 프랑스 80.0%(1997년) 등 선진국과 주요 경쟁국의 농외소득 비중이 80%를 상회하는 데 비해 우리나라는 2000년 52.8% 수준에 머물고 있다(충남발전연구원, 2002: 23).

4) 웰빙의 사전적 의미는 건강하면서도 편안한(well) 생활과 상태(being)를 유지하자는 의미다. 물질적인 가치나 명예를 얻기 위해 앞만 보고 달려가는 삶보다 건강한 신체와 정신을 유지하는 균형 있는 삶을 행복의 가치로 삼자는 것이다(LG경제연구원, 2006: 181).

비중은, 2007년 16.8%에서 2012년 23.4%로, 2017년에는 국내관광 총량에서 32.8%를 차지할 것으로 전망되고 있다(박시현·김용렬·최경은, 2007: 285).

우리나라에서는 2000년 이후 다양한 주체들이 그린투어리즘에 기초한 농촌관광마을 만들기 사업을 추진하고 있다. 농림부의 녹색농촌 체험마을, 농촌진흥청의 농촌전통 테마마을, 해양수산부의 어촌 체험마을, 산림청의 산촌생태마을 등이 그것들이다. 이러한 정부사업은 과거의 농가 개별 보조사업과 달리 마을 공동사업에만 지원하고, 나아가 주민 스스로 사업계획을 수립하고 추진하도록 하는 상향식 사업들이다.

이런 마을 단위 정부사업이 증가하는 이유는 무엇보다도 기존의 정부 보조사업이 중앙의 편의 위주로 계획되고 농가 개별보조에 치중하여 부실을 초래하고 성과가 미약했다는 비판을 들 수 있다. 1992년 '농어촌 구조개선 사업'에 의한 42조 원 지원과 1998년 '농어촌 특별세' 도입에 의한 15조 원 지원이 농촌에 무슨 도움이 되었냐 하는 반성이 내재되어 있다. 대규모 축사나 유리 온실이 부실만 부추기고 농가부채만 늘려 놓았다는 것이다. 오늘날 지방자치가 실시되고 주민자치 역량이 조금씩 성숙되고 있으므로 지역 실정에 맞도록 사업계획 수립 및 추진과정에 지역의 자율성을 부여해야 한다는 차원에서 마을 단위 상향식 사업들이 많이 도입되고 있다(구자인, 2007: 63).

이러한 사업들은 도시와 대비되는 지방문화로서 농촌문화에 대한 관심을 갖게 하고, 체험하고 학습하고자 하는 지적 호기심을 유발하여 다양하고 개성 있는 여가활동 추구에 박차를 가하는 상승효과를 나타내고 있다. 과소화·노령화되는 전남지역의 농촌을 고려하면, 이러한 사업들을 통한 농촌관광마을 만들기는 전남지역에서 적극 추진할 필요가 있는 지역 활성화의 대안적 접근이 될 수 있다(이정록·안종현, 2005: 208).

이를 위해서는 농촌관광에 대한 수요 및 공급 측면에서 다양한 공급자 그룹의 조직화와 네트워크가 형성되어야 한다. 더불어 도농교류의 촉진, 농촌

---

5) 여기서 말하는 넓은 의미의 농촌관광 활동이란 자연휴양림, 펜션 등 농촌의 각종 휴양시설 방문, 농촌지역 축제 참가 등을 포괄하는 농촌 방문을 통한 관광을 뜻한다. 이에 비해 좁은 의미의 농촌관광은 농촌 관광마을 방문, 농촌 체험활동 참가 등에 국한한 개념이다(송미령·성주인, 2005: 186~187).

관광시설 현대화, 정보화 등의 다양한 시책들이 추진되어야 할 것이다. 특히 농촌관광마을의 조성과 운영에 있어 가장 중요한 요소는 '사람'이다. 해당 마을 주민의 주체적인 참여와 이를 위한 마을 주민의 조직화와 교육이 반드시 동반되어야 한다. 마을 주민이 주체가 되어 지역사회의 여건과 환경을 개선시켜 관광자원으로 활용하는 것이 농촌관광마을 만들기의 기본적인 사고라고 하겠다(이정록·안종현, 2005: 201).

중앙정부가 추진하는 각종 농촌관광 사업들은 해당 마을 주민의 참여를 전제로 상향식(bottom-up) 접근방법을 시도하고 있지만 성공한 사례는 소수에 그치고 있는 것도 현실이다. 정부 부처가 경쟁적으로 마을 만들기 사업을 추진하는 과정에서 시행착오가 많이 발견되고 있으며, 잘못된 정책 추진의 피해는 결국 마을이 고스란히 떠안을 수밖에 없다. 마을 만들기 정부사업에 관여된 마을 중에는 사업을 추진하며 갈등이 깊어져 마을이 두 쪽 나는 경우도 적지 않으며, 마을지도자가 고소 고발로 법정을 드나들거나 심지어 자살하는 사례도 있다. 방문자센터, 펜션단지, 농산물 가공시설 등의 정부 지원시설이 방치된 경우도 허다하다. 이렇게 마을 만들기 활동의 시행착오가 되풀이되는 원인은 지역에 따라 매우 다양한 양상으로 나타나고 있다. 그 이유는 마을마다 사람도, 자연환경도, 역사도 모두 제각각이기 때문이다. 따라서 성공적인 마을 만들기에 대한 해법도 여러 가지로 접근할 수 있을 것이다(구자인, 2007: 66).

많은 연구들이 농촌관광마을 만들기에 있어 주민참여 문제의 중요성을 역설하고 있다. 그러나 농촌관광마을의 조성과 운영에 있어 주민참여의 특징이 무엇이고 그로 인한 마을 만들기의 효과(체험 프로그램 운영 및 경제·사회적인 변화)는 어떻게 나타나고 있는가에 대한 경험적인 조사연구는 매우 부족한 실정이다.

따라서 전통적 농도인 전남지역의 농촌관광마을을 사례로 농촌관광마을 만들기와 주민참여를 연구·조사하는 것은 학술적으로 의미가 있을 뿐만 아니라 향후 추가적으로 조성될 농촌관광마을들에 현실적인 정책적 시사점을 제공한다는 점에서 그 실용적 가치가 있다고 생각한다.

연구방법

2

본 연구는 '농촌 활성화를 위한 농촌관광마을 만들기에 있어 주민참여의 특징과 그로 인한 마을 만들기의 효과는 어떠한가'라는 문제의식에 기초하고 있다. 이를 위하여 본 연구는 농림부의 녹색농촌 체험마을 시범사업에 선정되어 농촌관광마을 만들기가 진행된 광양시 봉강면 '신촌마을'과 장흥군 회진면 '진목마을' 주민의 주민참여의 경험적 분석을 통하여 마을 만들기의 효과에 대하여 논의하는 것이 본 연구의 목적이며, 구체적인 연구내용은 다음과 같다.

첫째, 본 연구에 관한 이론적 토대로서 관광환경 및 농촌공간의 변화와 대안관광으로서 농촌관광의 부상을 살펴보고, 농촌관광마을 만들기의 특징과 주민참여에 대하여 검토한다.

둘째, 기존 관광개발과는 상이한 특성을 가지고 있는 농촌관광마을 추진사업을 정부 부처별 추진정책의 특징을 통하여 살펴보고, 광주·전남권 농촌관광마을의 현황을 살펴본다.

셋째, 기존 농촌관광마을 만들기와 주민참여에 관한 선행연구를 고찰한다.

넷째, 본 연구의 사례마을인 광양시 '신촌마을'과 장흥군 '진목마을'의 마을 만들기 과정과 주민참여, 체험 프로그램 운영과 사회·경제적 효과 등 농촌관광마을 만들기의 효과를 각각 분석하여 이상적인 농촌관광마을 만들기의 시사점을 제시한다.

본 연구의 가장 큰 의의는 지금까지 당위적 수준에서 논의되어 왔던 주민 참여의 중요성을 두 사례마을을 통해 주민참여가 어떤 수준과 형식으로 나타나고 있으며, 그로 인한 농촌관광마을 만들기의 효과가 어떻게 나타나고 있는가를 경험적으로 고찰하는 것이다. 아울러 과소화·노령화된 농촌을 살리는 방편으로서 또한 농촌관광의 공급자로서 주민이 주도하여 효과적으로 농촌관광마을을 만드는 모델을 제시하는 데 있다고 할 수 있다.

본서의 주요 연구방법으로서 이론연구는 그린투어리즘과 농촌관광마을에 관해 국내외 문헌들을 통해 조사하고, 사례연구는 문헌연구와 심층면접, 설문조사를 병행하여 진행하였다. 사례연구에서 사용한 자료는 사업계획서, 마을 회의자료, 사업일지 및 신문기사 등을 주로 활용하였다. 또한 인터넷을 통한 웹사이트, 웹문서 등의 관련 내용들 중에서 연구에 필요한 부분을 사용했다.

사례연구를 위한 심층면접은 문헌연구로 규명한 내용을 확인하고 문헌연구를 통해서 드러나지 않는 주민참여의 특성을 파악하기 위해 사용한다. 특히 설문조사로는 파악하기 어려운 마을 주민들의 참여태도와 행위의 여러 가지 미묘한 특징들을 파악하기 위하여 질적 현장연구(qualitative field research)[6]를 통해 심층면접을 실시한다. 또한 각 관련 주체들과 심층면접 과정에서 녹취와 기록을 병행했다.

마을답사를 비롯한 설문조사는 사례마을로 선정한 전남 광양시 봉강면 '신촌마을'과 전남 장흥군 회진면 '진목마을' 주민을 대상으로 실시하였다. 주민참여의 특징을 분석하기 위한 신촌마을의 설문조사는 2005년 4월 16일 마을 현지에서 주민을 대상으로 실시한 설문조사를 통해 수집하였다. 진목마을의 설문조사는 2006년 6월 17일에 마을 현지에서 주민을 대상으로 실시하였다. 그리고 진목마을의 '못생긴 호박축제'에 방문한 방문객을 대상으

---

6) 이 용어는 설문조사와 같은 수량적(통계적)인 분석에 적합한 자료를 생산하기 위해 고안된 방법들과 구분되는 의미를 지닌다. 질적 현장연구는 구체적인 행동들이 일어나는 곳과 목격되는 곳에서 시행되는 방법으로서 여타 다른 조사방법들을 통해 얻어지는 것보다 더 풍부한 이해를 가능케 한다. 또한 현장연구는 연구자로 하여금 포괄적인 시각을 갖게 하는데 연구하려 하는 사회현상에 가능한 한 완벽하게 직접 접근함으로써 연구자는 그 현상에 대한 보다 깊고 완전한 이해를 도모할 수 있게 되며 다른 방법으로는 예측되거나 측정되기 어려운 내용에 대한 직접적 관찰을 가능케 한다(고성호 외, 2002: 347~351).

로 농촌관광의 선호에 대해 2007년 7월 15일 마을 현지에서 설문조사를 실시하였다.

본 연구는 이와 같이 3회의 설문조사를 통해 양적 데이터를 확보할 수 있었다. 그리고 양적 데이터로 부족한 질적 자료는 마을 현지조사를 각 마을별로 15회 이상 방문하여 체험마을 추진위원장 및 마을 사무장 그리고 주민들과 심층인터뷰를 실시하여 확보하였다. 설문지 분석은 SPSS 12.0통계패키지를 이용하였으며, 주로 수량화 분석을 실시하였다.

본 연구는 농촌관광마을 만들기의 과정과 주민참여, 체험 프로그램 운영 및 사회·경제적 변화 등에 초점을 두고 논의하였다. 이에 따라 본 연구는 마을공동체 등 다양한 특성과 유형을 가진 농촌관광마을들을 두 개 사례마을을 통해 완벽하게 구체화하는 데는 한계가 있을지 모른다. 또한 마을별로 정밀한 자료를 획득하기 힘들어 마을변화의 실태분석과 마을 간 차별성에 관한 분석의 정밀성 측면에도 한계가 있었다. 하지만 사례분석을 통하여 농촌관광마을 간 특징 차이의 반영이라는 관점에서 시사점을 도출하고 이상적인 모델을 제시하는 데 의미가 있다고 본다.

연구지역 개관

3

본 연구에서 광양시 '신촌마을'과 장흥군 '진목마을'을 사례마을로 선정한 이유는 두 마을이 모두 농림부의 '녹색농촌 체험마을 시범사업'에 선정되었고, 신촌마을은 도시와 근접하면서도 경제적으로 잘사는 마을이고, 진목마을은 도시로부터 원거리에 위치하면서 경제적으로 부유하지 못한 대비되는 특징과 함께 '못생긴 호박축제'라는 마을축제를 개최하고 있다. 또한 농촌관광마을의 유형으로 분류했을 때 '신촌마을'은 '주민주도형＋산림산촌형＋음식물 판매형'이 복합된 마을 유형인 반면, '진목마을'은 '민관협동형＋농촌농

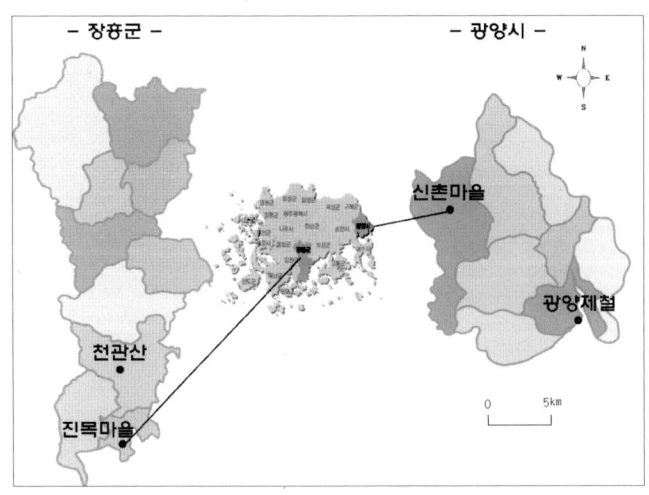

〈그림 1－1〉 연구 지역

지형 + 농산물 판매형'의 복합유형으로 볼 수 있다. 따라서 마을 간 비교·분석을 통해 주민참여의 특징과 함께 시사점을 도출할 수 있기 때문이다. 아울러 두 마을은 2005년과 2006년 연구자가 직접 주민들과 함께 마을 발전계획을 세우면서 컨설팅을 실시했던 마을이다.

광양시 신촌마을은 2005년도에 농림부로부터 녹색농촌체험 시범마을로 선정되어 사업이 진행되었으며 도농교류를 확대할 수 있는 적극적인 대안으로 '농업의 6차 산업화'[7]를 적극 시도하고 있다. 신촌마을은 축산, 과수 등을 마을의 입지조건을 살려 특화하고 가공·판매함으로써 소득원의 다양화를 꾀하고 있다. 다시 말해 기존 축산과 과수 등을 통한 1차 산업과 식품가공(배즙) 등 2차 산업 그리고 유통·관광 등 3차 산업까지를 아우르는 유기적인 결합을 통해 마을 전체의 소득을 증대시킬 수 있게 되었다.

장흥군 진목마을은 2004년도에 장흥군이 자체적으로 육성하는 생태체험마을에 선정되었으며 2006년도에는 농림부로부터 녹색농촌체험 시범마을로 선정되어 사업이 진행되었다. 일명 '호박나라'로 불리는 진목마을에는 소설가 이청준의 생가가 있어 연중 문학동호인의 발길이 끊이지 않고 있다. 최근에는 임권택 감독의 100번째 영화인 〈천년학〉의 촬영세트가 마을 앞 500m 지점에 위치하고 있어 마을을 찾는 도시민이 증가하는 추세에 있다. 또한 향토 산업에 장흥군의 호박이 선정되었는데 진목마을이 사업의 거점마을로서 향후 3년간 20억 원의 사업비가 투입될 예정으로 있다. 또한 진목마을은 마을축제인 '못생긴 호박축제'를 통해 마을 알리기에 힘쓰고 있다.

---

7) 농촌의 6차 산업화는 농촌이 가지는 세 분야의 특징, 1차 산업×2차 산업×3차 산업=6차 산업이라는 도식 위에서, 농촌이 주체가 되어 농업의 부가가치를 높이고 고용기회를 확대하는 것을 말한다. 반드시 일정지역을 단위로 하여 2차 산업, 3차 산업 분야로 확대하여 새로운 소득을 창출하고 지역을 활성화하는 전략이다(김태곤, 2003).

그린투어리즘과 농촌관광마을

농촌관광마을의 등장과 농촌관광 전망

1

1. 관광환경 및 농촌공간의 변화와 농촌관광

1) 관광환경의 변화와 대안관광의 등장

오늘날의 관광은 기존의 매스투어리즘 중심의 관광에서 벗어나 새로운 유형의 관광을 모색하고 있다. 특히 지난 10년 동안의 사회환경과 관광환경의 변화에 의해 최근에는 새로운 관광활동이 등장하고 있다(〈그림 2-1〉).

사회환경의 변화에서 나타난 특징은 자유시간의 확대, 환경과의 조화·공생, 정보화 사회의 진전, 고령화 사회의 도래, 국제화 사회의 진전, 다양한 라이프스타일을 요구하는 개성화 시대 등이 그것이다. 특히 주 5일 근무제의 정착과 새로운 휴가문화의 확대, 여가를 중시하는 국민의식의 증대, 여가시간을 많이 갖는 고령자 인구의 증대 등으로 자유시간의 사회로 진입하고 있고, 보편적이고 규격화된 관광에서 탈피하여 다양한 유형의 관광이 등장하고 있다.

사회환경의 변화에 의해 관광환경과 행태 또한 다양하게 변화하고 있다. 그러한 변화에는 개인·단체관광의 변화, 지식·체험을 중시하는 관광활동의 확산, 중·장년층과 여성 관광객의 증가, 사회적 약자를 고려한 관광정책의 강조 등이 있다. 관광객의 주체적 관광경험이 풍부해져 요구수준이 고도화되는 경향이 있고, 관광정보의 다양한 접근성에 의해 관광지 간 경쟁이 심화되고 있으며, 환경과 조화를 이루고 공생하려는 새로운 유형의 관광행태도 나타나고 있다.

이러한 관광환경 변화에 의해 관광경험이 풍부해지고 자유시간 사회가 정착되면서 과거의 주유형 관광보다는 특정한 장소에서 여유롭게 체재하고, 그 지역의 자연과 문화를 이해하고 즐기는 관광으로 전환되고 있다. 또한 환경과 공생하고 조화를 이루려는 성향의 관광활동이 증가하면서 지역의 자연·역사·문화의 이해와 만남을 선호하고 요구하는 관광행태가 빠르게 확산되고 있다. 그리고 지역환경과 공생한 관광행동과 관광지 만들기가 주목되고 있으며, 지역환경과의 공생과 조화를 강조하는 녹색관광(green tourism), 생태관광(eco-tourism), 생태박물관(eco-museum) 등에 기초한 관광지 만들기와 지역 만들기의 과정이 새롭게 관심을 집중시키고 있다.

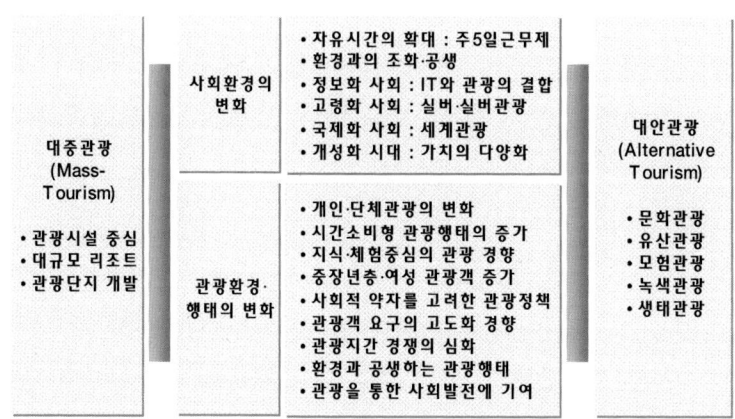

〈그림 2-1〉 사회환경 및 관광환경 변화에 따른 대안관광의 등장

자료: 이정록·안종현, 2005.

이러한 사회적·관광행태적 변화에 의해 관광지 및 관광 상품의 생산과 소비에 대한 비대중적인 선호가 증가하면서 1980년대 후반부터 매스투어리즘을 대체하는 대안관광(alternative tourism)에 대한 논의가 활발하게 전개되

고 있다. 최근 새롭게 등장하고 있는 대안관광에는 문화관광, 유산관광(heritage tourism), 모험관광, 생태관광, 녹색관광 등 다양한 유형이 있다. 이 가운데 다양한 환경파괴나 생태계의 붕괴, 경관의 훼손 등이 문제가 되는 대중관광과는 대조적으로 아름다운 전원에서 여유롭게 조용한 휴가를 보내고 싶다는 사람들이 점점 늘어나게 되었는데 이러한 희망에 대응하는 것이 '그린투어리즘'이다(이후석 외, 2004: 143).

21세기 관광시장은 기존 대중관광으로 인한 자연환경의 훼손에 대한 대안으로 자연환경과 고유문화 등을 보전하면서 체험하는 대안 관광형태(alternative tourism)의 중요성이 지속될 전망이다. 이러한 관광행태 변화로 인해 향후 발전이 예상되는 관광 형태로는 모험중시형, 체험중시형, 자연중시형, 문화중시형, 체류 및 휴양형, 크루즈관광, 생태관광, 테마관광, 녹색관광 등을 들 수 있다.

세계 관광기구에서 예상하는 21세기의 관광환경 조류는 세계화에서 지역화로 변화, 관광목적지 선정 및 판매망 구축 시 전자기술의 막강한 영향력 발휘, 여행수속의 간소화 및 신속화를 중시하여 신속·편리한 여행(Fast Track Travel) 추구, 전에 가 보지 못했던 낯선 곳, 즉 오지여행의 증가 및 우주관광시대의 개막, 해외여행의 일상화와 주제별 관광 상품의 부상을 들고 있다. 특히 가족 단위의 여가활동이 주류를 이룰 것으로 예상된다. 이런 측면에서 농산어촌에 대한 체험관광이 차별화될 수 있는 관광 상품으로 경쟁력을 갖게 될 것이며 농산어촌의 경제가 활성화될 것으로 예상된다.

관광행태에 있어서도 소극적이고 정적인 관광활동에서 벗어나 적극적이고 동적인 스포츠 활동이나 모험여행 그리고 전통문화탐구 내지 체험관광을 비롯한 가족 모두가 참여할 수 있는 교육과 연계된 관광 상품에 대한 관심이 증대될 것으로 전망된다.

2) 농촌공간의 변화

농촌공간에 대한 사회적 수요의 변화와 농업활동의 분화 측면을 살펴보면, 농업활동의 이원화와 서비스농업의 대두로 농업에 있어서 지난 1990년대 이후 두드러지게 나타나고 있는 현상은 선진국이라 불리는 산업화된 국가들에 국한된 것이지만 농업활동의 외연이 서비스 생산 분야로 확장되고 있다는 사실이다. 물론 이러한 현상은 UR과 WTO가 함축하는 개방화 및 농업에 대한 국가개입의 후퇴 등을 배경으로 하고 있지만, 고용시장의 위축과 불안정화에 따른 노동시간의 단축 등 '일하는 시간'과 '쉬는 시간' 간의 비례관계의 변화에서 오는 여가수요의 확대가 농업활동에도 영향을 미치고 있다는 점에서 비롯된다.

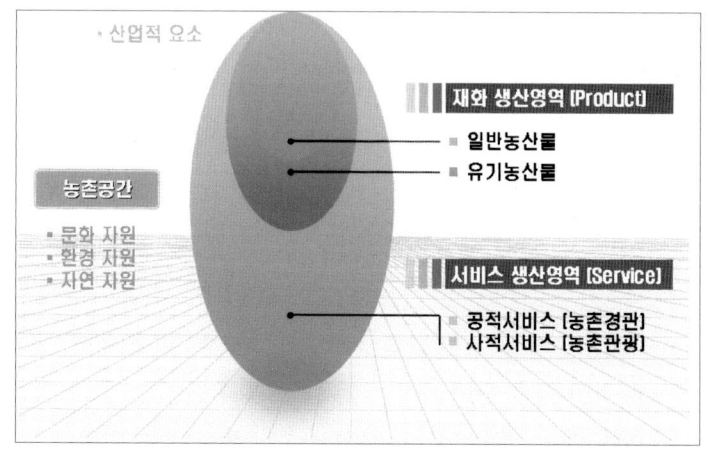

〈그림 2-2〉 농촌공간에 대한 사회적 수요의 변화와 농업활동의 분화

자료: 오현석, 2004.

〈그림 2-2〉에서 보는 것처럼 농업이 시작된 이후 근대화 과정에 이르기까지 농업활동은 전통적으로 인간이 자연생태계의 유기물 순환체계에 개입해 농산물(또는 축산물) 형태로 유기물을 추출하는 과정이다. 이 과정에서 세계 각 지역은 자연의 형상과 기후조건에 따라 각각에 고유한 농업시스템

을 구축해 진화를 거듭해 왔으며, 이러한 농업시스템이 후기 산업시대인 오늘날에도 독특한 농촌경관을 구성하며 그 외양을 드러낸다. 산업화가 진행된 근대에 이르러서는 비료 등 산업적 요소가 임금재인 식량생산의 경제적 효율성을 위해 무차별하게 유입되어 왔다.

재화생산 영역에 있어서는 산업적 요소의 투입이 감소하면서 한편으로는 유기농 등 환경친화적 농산물 생산으로 대체되고 있으며, 다른 한편으로는 농가의 농촌관광 활동이 활성화되면서 새로운 서비스 시장이 창출되고 있다. 한편, 농촌경관과 같이 시장형성이 곤란한 공공재적 성격이 강한 서비스 생산 분야에 있어서는 시장실패의 영역을 보완하기 위한 새로운 사회적 보상 체계로서 다양한 형태의 직불제가 도입되고 있는 중이다(오현석, 2004: 2).

한편, 센가(千賀 裕太郎)와 유학렬(2005)은 일본의 도시농촌교류를 통한 내발적 농촌개발과 관련하여 농촌관광에 의한 농촌과 도시의 새로운 관계를 〈그림 2-3〉과 같이 표현했다. 즉, 현재는 농촌지역과 도시지역 간에 현금과 농산물의 교류가 도시지역에서 이루어지고 있다면, 향후에는 농촌관광을 통해서 도시지역의 주민이 농촌지역에 가서 농촌의 농산물과 자연, 문화, 경관, 체험, 교류를 통해서 가치교환의 장(場)이 농촌지역이 될 것이라는 전망을 내놓고 있다.

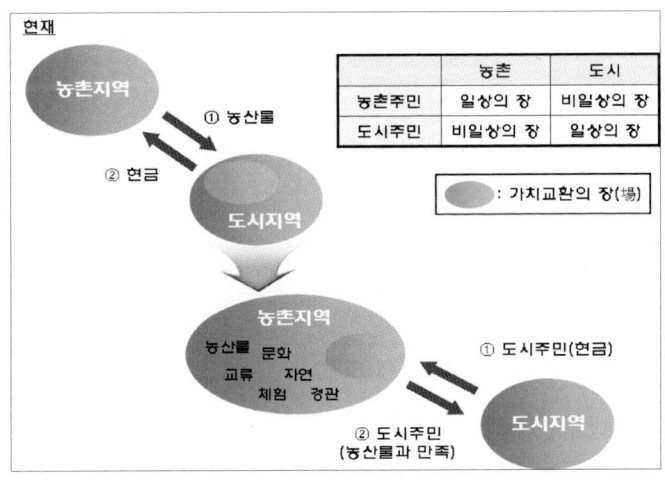

〈그림 2-3〉 농촌관광에 의한 농촌과 도시의 새로운 관계

농촌에서 도시로 향하는 이촌향도(移村向都)가 아니라 도시에서 농촌으로 향하는 이도향촌(移都向村)이 바로 그것이다. 도시와 농촌의 교류를 활성화하는 것, 바로 농촌관광(green tourism)이다. 도농교류를 통해 도시민을 불러들인다면 농촌의 정주인구는 줄어들지만 상주인구는 늘릴 수 있다. 지금까지 농촌은 농산물을 생산해 시장에 내다 파는 것이었다. 이제 반대로 소비자인 도시민들이 농촌으로 찾아와 쉬고 체험하며 농산물을 사 가도록 만드는 것이다(강신겸, 2003: 7).

3) 그린투어리즘으로서 농촌관광

'그린투어리즘(green tourism)'이라는 용어는 국가와 지역, 연구자 등에 따라 다양하게 정의되어 사용되고 있으며, 그 용어 또한 각각 다르게 표현하고 있으므로 이의 개념을 일반화하기는 매우 어렵다고 할 수 있다.

유럽에서는 그린투어리즘과 같은 의미의 내용을 갖는 용어로 농촌관광(rural tourism), 연성관광(soft tourism), 대안관광(alternative tourism), 인간적인 관광(human tourism), 자연관광(nature tourism), 책임 있는 관광(responsible tourism), 생태관광(eco-tourism), 지속 가능한 관광(sustainable tourism) 등이 다양하게 혼용되고 있다. 특히 영국에서는 그린투어리즘이라고 할 경우 '그린(green)'은 단지 '푸름(綠)'이나 '자연(自然)'이라는 의미는 아니다. 모든 생명의 존중, 자원의 적정 이용, 다양함의 평가, 또는 모든 생물이 서로 관련을 맺고 있다는 인식이 '그린' 개념의 바탕을 이룬다. 이러한 기본적인 인식에서 여러 가지 대상(예를 들면, 농업이나 환경 등)의 이해, 자기 행동의 도덕성, 나아가 문제의 접근방법까지, 말하자면 한 사람의 인생관이나 생활양식 등에도 영향을 미치는 사고, 가치관, 자세, 규범에 따라 농촌지역과 도시를 즐기는 것이라고 정의한다(강신겸·김정연, 1997: 27-8).

이후석 외(2004)는 농촌이나 산촌의 있는 그대로의 모습을 활용한 관광, 결국 농촌이나 산촌의 주민들이 서비스의 주체가 되고, 농촌이나 산촌이 가지고 있는 다양한 자원이나 생활문화를 살려서 도시 주민을 받아들이는 한편, 도시 주민 쪽에서 보면, 농가가 운영하는 민박에 머물러, 농촌이나 산촌의 자연이나 일상생활을 직접 체험하고, 농촌이나 산촌 주민과의 교류를 도모하면서 느긋하게 그곳에 체재하고, 심신의 활력을 회복하려는 여가활동이라고 하였다.

그린투어리즘(green tourism)의 정의를 보다 명확히 하기 위해 대중관광에 관하여 부정적인 것에 대한 반대 개념으로서 대안관광을 살펴볼 필요가 있다. 대중관광(mass tourism)이 대규모 리조트나 관광단지를 조성하고, 외지의 자본을 유치하여 관광산업을 진흥시키는 행태라면, 대안관광(alternative tourism)은 대중관광으로부터 나타나는 다양한 환경파괴나 생태계의 붕괴, 경관의 훼손 등 부정적인 요소를 줄이기 위한 관광행태를 말한다. 즉, 대안관광은 외부의 자본이나 관광지 개발의 경제적 효과를 강조하는 경성관광(hard tourism)에서 탈피하여 지역의 자율성을 바탕으로 지역사회에 거주하는 지역주민이 주체가 되어 내발적(內發的)으로 추진하는 연성관광(soft tourism)[8]을 의미한다(이정록·안종현, 2005: 200).

이러한 대안관광은 대규모 관광과 연관되지 않고, 비도시지역에 확산되어 있으며 소규모와 저밀도가 필수적이며, 주로 평균 수준 이상의 교육을 받은 비교적 고소득층의 특별 관심그룹의 요구에 부합된다. 대중관광과는 근본적으로 다르게 접근하는 것을 시도함으로써 여가에서 사람들이 환경과 사회, 문화적 영향과 부정적인 영향을 최소화하려고 노력하는 점이 대안관광의 특징이다(이후석, 2001: 31 - 2).

농업관광, 농촌관광, 그린투어리즘, 생태관광 등은 대안적 관광에 속하는 관광행태의 하나를 의미한다. 정기환(2001)은 농업관광(agricultural tourism)[9]

---

8) 그린투어리즘과 유사한 독일어는 '산후터·투어리스무스(Sanfter Tourismus)'이고, 이것을 영어로 표시해 보면 '연성관광(Soft Tourism)'이다. 대중관광(Mass Tourism)처럼 지역의 전통적인 경관을 파괴하거나, 환경에 부담을 주거나 하지 않고 '환경에 친절하다'라는 의미에서의 연성(soft)이다(浮田典良, 2004: 144).

9) 농업관광(agricultural tourism)과 관광농업(tourism agriculture)은 같은 용어로 혼용해서 사용하는 경우가 있다. 그러나 두 용어는 다른 개념이다. 전자는 관광의 한 형태로서 농업관광을 의미하며 후자는 농업의 한 형태로서 관광농업을 의미한다. 이 글에서는 관광형태를 논의하므로 관광농업보다는 농업관광의 개념으로 사용한다. 같은 맥락에서 관광농원(tourism farm)은 관광서비스를 제공하는 농장형태를 의미하며 농

은 농가를 방문하는 관광객을 대상으로 농산물 판매, 민박제공, 농사체험 등 농업생산 또는 이와 관련된 것을 관광 상품으로 제공하는 행위를 말하며 농장관광(farm tourism)은 농업관광의 보다 구체적인 실체가 된다고 하였다.

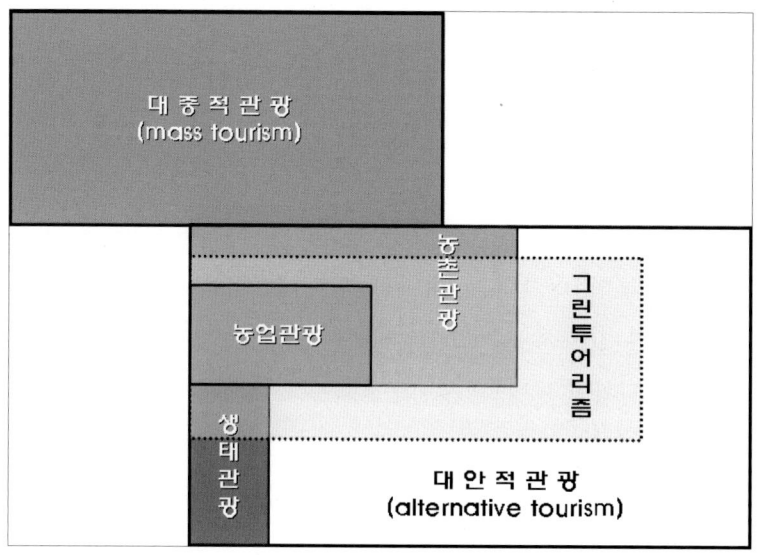

〈그림 2-4〉 관광산업으로서 그린투어리즘의 위치와 영역

자료: 정기환. 2001.

농업관광의 형태는 국가와 지역의 성격에 따라서 다양하게 나타나게 되므로 그 특성을 하나로 정의하기는 어렵다. 우리나라와 같이 농가 단위가 작은 국가에서의 농업관광은 농업생산과 관련된 체험 민박과 음식 및 농산물 판매행위를 관광대상으로 한다면, 농장 단위가 큰 유럽국가에서는 농장 안에서 일어나는 농업 관련 생산 및 판매, 승마와 낚시, 워킹, 스포츠, 체험학습 등 다양한 활동을 관광대상으로 한다.

농촌관광(rural tourism)은 농촌지역에서 행해지는 관광행위를 통칭하는 용어로 사용되고 있다. 국민관광지나 유원지와 같은 대중적 관광행태도 농촌

장관광(farm tourism)은 농장에서 관광서비스를 제공하는 관광서비스의 한 형태를 의미하는 용어로 사용한다.

지역에서 수용될 수 있으므로 농촌관광의 범주에 든다는 주장이 있을 수 있다. 그러나 농촌관광은 농촌의 특성(rurality)을 바탕으로 작은 지역사회 속에서 사람들 간의 만남을 중시하는 관광행위를 의미하는 용어로 한정하여 사용되는 것이 일반적이다. 협의의 정의에 의거할 때, 농촌관광은 농업관광의 행태에 추가하여 농촌환경, 자연생태, 농촌생활, 농촌지역의 전통문화 등을 관광의 대상으로 한다. 농촌관광은 작은 농촌지역사회 주민들이 자신들의 생업인 농업이나 생활문화, 농촌의 경관과 환경 등을 도시민들과의 교류·체험을 통하여 상품화하여 소득을 올리는 관광행태가 된다. 따라서 농업관광은 농촌관광의 하위 범주에 속하게 되며 관광농원은 농촌관광의 한 형태에 속한다고 볼 수 있다. 농촌관광은 농촌지역의 전통문화, 생활문화까지도 관광대상이 될 수 있다는 점에서 농업관광이나 관광농원보다 넓은 개념을 갖는다.

생태관광(ecotourism)은 아프리카 초원의 동식물을 관광하는 것으로부터 남극이나 북극 탐험, 열대 우림의 동식물과 조화를 이루며 살아가는 인간의 생활에 대한 관광, 서해 바다의 철새 도래지에 대한 탐조에 이르기까지 다양한 행태를 지니고 있다. 생태관광은 자연 그대로의 모습을 관광대상으로 하며 가급적 자연적 생태에 영향을 주지 않고 관찰과 감상을 중심으로 한다는 점에서 농업에 대한 체험이나 인간적 만남, 농산물 판매를 목적으로 하는 농업관광이나 농촌관광과 다르다.

그린투어리즘(green tourism)은 인간과 자연, 생활문화를 대상으로 한다는 점에서 위의 세 가지 관광행태가 지니고 있는 요소를 모두 지니고 있다. 따라서 그린투어리즘과 농업관광, 농촌관광, 생태관광을 구분 없이 사용하는 경우도 있다.[10] 그러나 그린투어리즘은 위의 세 가지 관광행태와 공통적인 요소를 지니고 있으면서도 다음과 같은 특징을 지니고 있다.

첫째, 관광을 위한 인위적 시설을 최소화하고 가급적 농촌지역사회의 인문, 생태 및 자연환경을 관광대상으로 한다는 특징이 있다. 이제까지 관광농

---

10) 프랑스와 영국 등 유럽의 다수 국가가 농촌관광과 그린투어리즘을 유사 개념으로 사용하고 있다(정기환, 2001: 142).

업이나 농촌관광은 도시의 관광객을 유치하기 위하여 농촌지역에 숙박과 위락시설 중심의 관광시설을 설치하는 데 주력해 왔다. 따라서 관광농원이 도시의 대중적 관광의 아류를 지향한다는 비판도 나타나고 있다.

둘째, 그린투어리즘은 도시 관광객이 농촌을 방문하여 그곳에 살고 있는 사람들과의 인간적인 교류를 바탕으로 농업과 농촌문화를 체험하는 것을 특징으로 한다. 일본 농림성의 그린투어리즘 연구회는 1992년도 보고서에서 "풍요로운 자연을 가진 농산어촌에서 그 지역의 자연과 문화, 사람들과의 교류를 즐기는 체재형 여가활동"이라고 그린투어리즘을 정의하고 있다. 관광농원이 농원 내의 위락시설과 숙박 및 음식물 판매 중심이라면, 그린투어리즘은 지역의 자연경관과 생태환경, 전통문화, 그리고 그곳에 살고 있는 사람들의 생활을 체험하면서 사람들 간의 만남을 중시하는 관광행태가 된다.

셋째, 그린투어리즘은 기본적으로 농촌의 아름다운 자연경관과 깨끗한 환경, 그리고 그곳에 살고 있는 사람들의 정서적 풍요로움과 문화성을 대상으로 하는 관광행태이므로 지역 가꾸기와 병행하여 이루어지게 된다. 따라서 그린투어리즘을 발전시키기 위해서는 마을이나 지역을 이와 같은 수준으로 가꾸는 노력이 병행되어야 한다(조록환, 2003: 11 – 3).

이상에서 살펴본 바와 같이 그린투어리즘은 농업관광과 농촌관광을 포함할 뿐만 아니라 생태관광의 일부까지도 포함하는 개념이다(정기환, 2001: 141 – 43). 우리나라의 농림부는 그린투어리즘을 "농산촌의 풍성하고 깨끗한 자연경관과 지역의 전통문화·생활과 산업을 매개로 하는 도시민과 농산촌 주민 간의 체류형 교류활동"으로 잠정 정의하고 그린투어리즘을 통하여 도시민에게 휴식·휴양과 새로운 체험 공간을 제공하고 농산촌에는 농산물 판매, 가공특산품 생산·판매, 관광·음식물 판매 등 소득기회를 제공하여 지역 활성화에 기여하는 것을 목적으로 하고 있다(농림부, 2001: 26).

유럽 등에서는 농촌관광이라는 개념이 그린투어리즘의 개념보다 더 포괄적으로 사용되고 있다. 한편 국내에서는 그린투어리즘과 농촌관광을 뚜렷이 차별화하지 못하고 서로 같은 개념에서 이해되고 있는 실정이다(조록환, 2003: 13).

2. 농촌관광시장의 발전단계와 우리나라의 전망

1) 농촌관광시장의 발전단계와 전망

일반적으로 농촌지역의 어메니티(amenity)자원을 관광자원으로 활용한 농촌관광은 시장형성초기, 양적 성장기, 질적 발전기 등 세 단계의 시장발전과정을 거치고 있다(〈표 2-1〉 참고). 시장형성 초기는 농촌관광시장에 대한 새로운 시장참여자가 형성되는 단계로서 공급자와 소비자, 기타 유통관계자의 시장진출이 다양한 형태로 이뤄지는 단계이다. 이 단계에서는 농촌어메니티 자원에 대한 소비자, 공급자 상호 간에 새로운 상품화 가능성이 발견되기 시작하고, 이를 조직화하기 위한 다양한 시도들이 개별적 또는 집단적(단체 또는 지방의 공공부문) 형태로 이루어진다. 그러나 이 단계에서는 농촌관광에 대한 사회적 수요가 여전히 여러 제약요인(여가시간의 불충분, 농촌지역에 대한 접근성의 미비, 정보의 부족 등)하에 놓여 있으며, 농촌어메니티 자원을 조직화하고 마케팅할 수 있는 주체형성의 부족으로 공급 측면에서도 시장 활성화 조건이 불충분한 상태이다. 공공부문의 농촌관광 관련 시책도 농촌관광 시장의 조직화 차원에서 접근되기보다는 농외소득 증대 등 특수한 정책목표하에서 개별정책으로 시행되는 수준에 그친다.

양적 성장기에 들어서면 농촌관광에 대한 사회적 수요를 제약하는 요인들이 제거되기 시작하고(여가시간의 확대, 접근성의 제고 등), 공급 측면에서도 농촌어메니티 자원을 다양한 차원(민간기업, 공공단체, 지방정부 등)에서 조직화하고 상품화하는 노력이 활성화되는 등 농촌관광시장에 대한 다양한 형태의 시장참여자 그룹이 형성된다. 특히, 공급 측면에서는 다양한 공급자 그룹이 조직화되고 네트워크가 형성되면서, 농촌관광 상품의 다양화, 유형화가 진행된다. 이를 통해 부분적으로 시장차별화가 이루어지면서 농촌관광시장의 전체 규모가 지속적으로 증대되며, 공공부문의 농촌관광 관련 정책은 이 시기를 통해 기존의 농외소득 증대에 목표를 둔 정책에서 농촌관광시장의 효율화를 위한 시장조직화 정책으로 전환하게 된다. 이를 위해 다양한 시책들(도농교류의 촉진, 농촌관광시설 현대화 지원, 정보화 등)이 추진되고, 각 부처의 다양한 농촌관광 관련 시책들이 범정부 차원에서 조율되기 시작한다.

〈표 2-1〉 농촌관광시장의 발전단계별 특징

농촌관광여건	농촌관광시장의 발전단계		
	시장형성 초기	양적 성장기	질적 발전기
농업농촌정책	• 농업정책(시장접근)의 후퇴 • 지역사회 활성화를 위한 고용유지기능 강조	• 농업정책에서 농촌개발정책으로의 이동	• 농촌개발정책의 강화와 각종 정책 간 조율(농업, 농촌, 지역, 환경, 관광정책 등)
수요여건	• 여가시간의 부족 • 정보의 부재 • 농촌지역 접근성의 미비	• 여가시간의 확대 • 정보통신수단의 발전 • 농촌지역 접근성의 향상	• 타 부문 관광과의 경쟁 대두 • 농촌관광의 진정성 추구
공급여건	• 농촌관광 자원의 비조직화(분산성) • 농촌관광 상품 개발주체의 미비	• 시장참여자그룹의 확산 • 농촌관광 공급자 조직의 네트워크화	• 네트워크화된 공급자 그룹을 중심으로 브랜드화 • 품질관리시스템의 도입과 고품질화
정책접근	• 농외소득 개발 • 고용유지	• 지역 활성화를 위한 농촌관광시장의 조직화 • 수요, 공급 양 측면에서의 시장 활성화 촉진 및 추진기구 마련	• 농촌관광의 고부가 가치화, 품질화 • 행정적 단위에서 역사, 문화적 단위에서의 농촌관광의 추진
발전단계	• 한국(2000년대 초 양적 성장 진입 전 단계)	• 일본(2000년대 초 양적 성장 진입단계)	• 유럽(90년대 초반 이후)

자료: 오현석. 2002. p.2.

질적 발전기에는 농촌관광 공급자 그룹별로 네트워크화가 본격적으로 이루어지고, 전체 관광시장 속에서 농촌관광부문이 여타 관광부문과 경쟁관계에 들어서는 단계이다. 이 단계에서 농촌관광은 네트워크화된 그룹별로 브랜드화가 이뤄지고, 브랜드의 품질관리와 유지를 위해 품질관리시스템을 도입하는 등 농촌관광의 고부가 가치화가 진행된다. 공공부문의 농촌관광 관련 정책 또한 품질관리를 위한 지원시책을 마련하는 것과 함께 관광 상품 개발 및 프로그램 개발 지원 등 농촌관광의 고부가 가치화를 위한 시책을 개발하는 한편, 농촌관광 시장수요를 분석하고 이를 공급체계에 반영하는 제도적 장치를 마련하는 것에 중점을 둔다. 농촌관광과 관련한 각 부처별

시책도 일시적인 협의체 형식이 아니라 항상적인 협의체 기구를 통해 농촌관광의 고부가 가치화를 공동의 목표로 하게 된다(오현석, 2002: 1 - 2).

2) 우리나라 농촌관광의 발전단계와 전망

우리나라 농촌관광은 EU와 일본 등 선진국들의 농촌관광 발전과정과 비교해 볼 때 시장형성 초기단계에서 주 5일 근무제 등이 정착되는 시점을 전후하여 양적 성장기를 맞게 될 전망이다. 그러나 우리나라 농촌관광은 여타 산업부문의 발전과정이 경험한 것처럼 시장형성 초기단계와 양적 성장기, 질적 발전기가 압축과정을 거치면서 상호 혼재된 형태로 발전할 전망이다.

한편 2001년 5월 농림부의 '농외소득증대중장기추진계획'에서 농촌관광이 정부정책으로 제안된 지 6년이 지난 지금, 농촌관광은 그 내용 면에서나 규모 면에서 처음 시작할 때와는 비교할 수 없을 정도로 발전을 하였다. 농촌관광은 이제 초창기 도입단계를 지나 성숙기로 접어들었다고 할 수 있다(박시현 외, 2007: 265).

오현석(2004)은 서유럽의 농촌관광은 초기 형성단계, 양적 성장단계, 질적 발전단계라는 경로를 거쳐 발전해 왔다고 하면서 농촌관광시장의 발전단계별로 볼 때 서유럽의 농촌관광은 일반관광과 농촌관광이 시장에서 우위를 차지하기 위해 상호 경쟁하는 구도를 보이는 질적 발전단계에 있으며, 일본은 양적 성장단계, 우리나라는 초기 형성단계에 놓여 있는 것으로 분석했다(〈그림 2 - 5〉).

우리나라는 1980~90년대 말 자동차문화를 기반으로 성립한 대량소비형 대중관광(Mass tourism)에서 1990년대 후반부터는 역사탐방, 지역축제 등과 연계한 문화체험관광 등 테마관광이 확산되고 있으며, 유기농 생산농가 등을 중심으로 농업체험관광이 확산되고 있다. 그러나 아직까지는 농림업, 농산촌 그 자체를 테마로 한 체류형 관광시장은 초기 형성단계에 머물고 있는 실정이다.

초기형성단계
- 농외소득증대
  지역활성화

우리나라

양적성장단계
- 지역활성화
  – 참여농가비율 0.2%
  – 숙박점유율 3%

일본

질적발전단계
- 일반관광과의 경쟁
- 농촌관광의 브랜드화
  및 네트워크화
  – 참여농가비율 3%
  – 숙박점유율 3%
    (프랑스 기준)

유럽

〈그림 2-5〉 농촌관광시장의 발전단계

자료: 오현석, 2004.

그러나 주 5일 근무제 등 사회적 여건이 마련되고 농산촌의 수용체제가 정비될 경우 농촌관광은 당일형, 통과형에서 체류형, 반복성 농촌관광으로 전환될 전망이며, 이 경우 학생층을 비롯한 학부모와 교사층의 체험관광 수요가 농촌관광 수요로 확산될 뿐만 아니라 가족 단위의 체험관광 및 고령도시노인의 장기체재형 여가활동 수요가 농촌관광 수요로 이어질 전망이다.

농촌관광에 대한 수요 측면에서의 이러한 긍정적 전망에도 불구하고 공급 측면에서는 여전히 상당한 제약이 존재하는 것이 현실이다. 1980년대 이후 우리나라는 관광농원, 휴양단지, 민박마을, 주말농원, 자연휴양림 개발 등 농촌지역의 관광자원개발을 통해 시설 측면에서 많은 노력을 기울여 왔으나, 여전히 도시인들이 농촌지역에서 즐길 수 있는 여가기반시설과 경관정비 등에서 농촌관광 활성화에 많은 어려움을 안고 있다.

특히, 농가를 주체로 한 농업관광의 경우 농업경영자원과 주변의 농촌어메니티 자원을 가치화하는 데 있어서 경영주의 접객성(hospitality) 부족과 창의적인 관광프로그램 개발능력의 부재 등으로 농촌관광자원 활용에 장애가 되고 있다.

따라서 국내 농촌관광의 발전은 농촌관광에 대한 수요 측면에서의 잠재력을 어떻게 현실화시켜 나갈 것인가의 문제와 공급 측면에서의 제약요인들을 어떻게 해소시켜 나갈 것인가의 문제에 체계적으로 접근할 수 있는 효율적인 농촌관광 추진체계를 수립하는 것이 시급한 과제로 되고 있다(오현석, 2002: 4).

3. 농촌관광마을의 특징

1) 농촌관광마을의 개념

농촌관광마을의 개념은 상술한 바와 같이 도시민에게 휴식·휴양과 새로운 체험 공간을 제공하고 농산촌에는 농산물 판매, 가공특산품 생산·판매, 관광·음식물 판매 등 소득기회를 제공하여 지역 활성화에 기여하는 것을 목적으로 하는 정부에서 추진하고 있는 농촌관광 관련 시범사업이 추진되고 있는 마을이다. 구체적으로 농림부의 녹색농촌 체험마을, 농촌진흥청의 농촌 전통 테마마을 등을 말한다.

본 연구의 사례 대상 마을은 농림부의 녹색농촌 체험마을로서 광양시 신촌마을은 2005년, 장흥군 진목마을은 2006년에 각각 선정되어 조성되었다. 사업의 목적은 농촌관광 활성화를 통한 농외소득 증대를 위해 녹색농촌 체험마을을 조성하고 농업인과 농촌마을의 사업추진을 돕기 위한 다양한 지원 체계를 구축하는 것이다.

녹색농촌 체험마을의 추진방향은 농촌의 마을을 기본 단위로 사업을 추진하되, 마을을 중심으로 인근 지역의 자연·문화자산, 농업 및 농촌체험활동 자원을 다양하게 연계하여 시너지 효과를 창출하고 자연경관과 전통문화 등 농촌의 특색을 살린 자연친화적 마을을 조성하여 유흥·위락 위주의 기존 대중관광과는 차별화된 여가서비스를 제공하는 것이다. 또한 주민합의에 따른 마을협정과 사업계획, 시·군 또는 시·도 차원의 행정지원계획 및 전문가의 의견을 효과적으로 연계하여 추진하는 것이다. 농촌체험활동 서비스 제공은 물론 농·특산물의 가공·판매사업, 농가숙박, 음식물 판매 등 마을 여건에 맞게 농업과 2, 3차 산업을 연계한 복합사업화를 유도한다.

2) 농촌관광마을의 유형

농촌관광마을은 사업을 추진하는 주체가 누구인가에 따라 '주민 주도형', '관 주도형', '민관 협동형'으로 분류할 수 있으며, 농촌관광마을이 어디에 입지해 있는가에 따라 '대도시 근교형', '산촌 산림형', '농촌 농지형', '목장형', '해변형', '기타 자연형'으로 나눌 수 있다. 또한 소득상품이 무엇인가에 의해 '숙박 체류형', '음식물 판매형', '농산물 판매형', '체험형'으로 분류할 수 있다(〈그림 2-6〉).

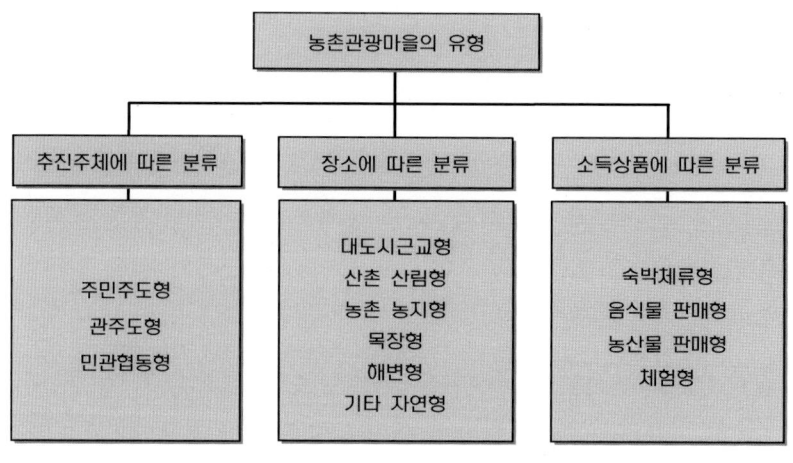

〈그림 2-6〉 농촌관광마을의 유형

자료: 박시현, 2003을 토대로 필자 작성.

그러나 농촌관광마을의 대부분이 '추진주체+장소+소득상품'의 복합적인 형태로 나타나고 있다. 예를 들면, 본서의 사례마을인 광양시 봉강면 '신촌마을'은 '주민 주도형+산촌 산림형+음식물 판매형'이 복합된 마을 유형으로 볼 수 있고, 장흥군 회진면 '진목마을'은 '민관 협동형+농촌 농지형+농산물 판매형'의 복합 유형으로 볼 수 있다. 따라서 농촌관광마을의 유형은 어느 한 가지 기준으로만 볼 수 없으며, 대부분의 마을들이 복합된 유형으로 나타나고 있다.

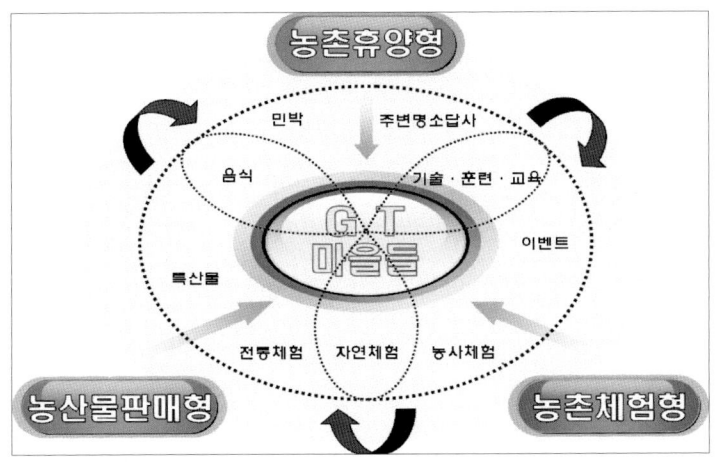

〈그림 2-7〉 농촌관광마을의 유형

자료: 송미령·성주인. 2005.

특히 농촌관광의 공급 부문에서는 관광마을들을 중심으로 경쟁이 치열해
지고 있다. 국내 농촌관광마을들은 주요 경영전략상 농산물 판매형, 농업·
농촌 체험형, 농촌 휴양형 등 3가지 유형을 나타낸다(〈그림 2-7〉). 즉, 관
광경영을 추진하는 마을들에서는 농산물 생산과 판매, 각종 체험 프로그램
제공, 민박 등을 공통·복합적으로 추진한다. 관광마을에서는 정부의 지원
금을 가지고 방문객을 위한 숙박시설, 체험시설 등을 위주로 정비하고, 각종
의 체험 프로그램 등을 진행하며, 관리와 운영은 이장·전문경영인 등이 책
임을 맡고 마을 주민에게 일당을 주는 방식으로 마을을 경영하고 있다(송미
령·성주인, 2005: 178).

3) 농촌관광마을 사업의 특징

정부의 각 부처가 추진하고 있는 농촌관광마을은 농촌의 경관, 역사, 문
화, 자원, 생활, 산업을 특징으로 도시민과 농촌 주민들 간의 체류형 교류활
동이라는 점에서 개념적으로 일치를 하고 있다. 따라서 여가시간이 확대됨
에 따라 농촌 주민의 소득 증대와 농촌 경제의 활성화를 위한 정책대안으로

농촌관광마을의 육성을 받아들이고 있다. 도시민들에게는 새로운 체험공간과 편안히 휴식할 수 있는 장소를 제공하고 농촌에는 농산물 판매(1차 산업), 가공산업(2차 산업), 숙박·음식물 서비스(3차 산업) 등 소득원을 제공하여 지역 활성화에 기여할 수 있다는 공통된 믿음이다. 그러나 다른 한편으로 정부의 각 부처에서 수행하는 농촌관광마을 만들기는 명칭만 다를 뿐 내용적으로는 그다지 차이가 없다는 지적도 있는데, 이러한 농촌관광마을들은 다음과 같은 공통적인 특징이 있다(정현욱 외, 2002).

(1) 마을 단위 대상사업

농촌관광마을은 마을 단위를 대상으로 하고 있다. 농촌관광마을을 추진하는 과정에서 가장 중요하게 생각하고 있는 단위가 바로 마을이다. 정책이 거시적인 접근이나 포괄적인 수준에서 이루어지는 것이 아니라 미시적이면서 보다 구체적인 장소에 대한 접근을 통해 실천적인 대안을 발견하고자 하는 의도를 가지고 있다. 기존의 취락지구개발계획, 취락구조개선 기본계획, 문화마을조성계획 등이 대부분 정주기반을 정비하는 계획이었으나 마을 단위의 사업은 기존 마을 단위 정비 사업을 관광 목적에 맞게 변형한 것이라고 할 수 있다(강신겸, 2002: 118 – 37).

마을 단위에 의해 이루어진 농촌관광마을은 실제 사업을 수행하는 과정에서 다양한 메커니즘을 형성하는 단위들인 정부, 기업, 대학, 연구소, 시민단체 등이 마을 개발에 직·간접적인 참여가 용이할 뿐만 아니라 관광에 대한 잠재적인 가능성을 더욱 확대하고 지속적인 발전에 대한 투자와 노력이 집중적으로 이루어질 수 있다. 이를 위해 사업비를 일괄 보조함으로써 마을 특성에 맞고 주민들이 원하는 사업 추진이 용이하도록 재량권을 부여한 것은 큰 변화이다.

(2) 주민협력의 중요성

농촌관광마을은 주민협력의 관계를 중요하게 받아들이고 있다. 이는 농촌
관광마을을 추진하는 각 부처가 마을을 선정하는 과정에서 중요한 기준으로
요구하였던 것이며 또한 지속적인 성공을 위해서 반드시 전제되어야 하는
것이 바로 마을 주민들 간 그리고 인근 주민들 간의 긍정적인 관계 형성이
다. 관계의 형성은 마을 주민을 구심체로 하여 관련 참여 기관, 단체 등과
인근 주민들의 협조와 적극적인 태도를 통해 이루어질 수 있다. 따라서 사
업을 추진하는 과정에서 마을 주민들을 중심으로 협의체, 추진위원회 등의
구성을 통해 상호 의견을 교류하고 건전한 정보를 창출할 수 있는 방향을
요구하고 있다.

단기적인 측면에서 투입된 시설이나 예산, 체험 프로그램은 정부가 직·
간접적인 개입을 통해 마을의 변화를 도모할 수 있으나 장기적인 측면에서
는 마을 주민들의 직접적인 노력이 필요하다. 정부도 장기적인 측면에서 사
업의 지원 여부에 대한 결정을 마을 주민들의 적극적인 태도와 노력의 정도
에 따라 재평가하겠다는 입장은 이를 잘 설명하고 있다.

(3) 다양한 체험 프로그램

농촌관광마을은 다양한 체험 프로그램을 필요로 한다. 정부의 각 부처에
서 공통적으로 등장하고 있는 방향은 바로 체험 프로그램이다. 실패한 관광
농원의 경우는 체험 프로그램에 대한 개발이나 관리, 그리고 운영에 대한
노력이 이루어지지 않았다. 체험 프로그램은 각 부처가 추진하고 있는 정책
이나 내용에 따라 다르게 접근되고 개발될 것이나 공통적인 것은 마을 상황
이나 특성에 따라 결정되도록 하고 있다는 점이다. 중장기적으로는 지방정
부가 스스로 개발하도록 하고 있으며 국내외의 실천 사례, 마을에 대한 경
영기법과 리더십에 역점을 두고 다양한 프로그램 개발을 적극적으로 유도하
고 있다.

(4) 농촌자원의 활용

농촌관광마을은 농촌자원의 활용을 통한 상품화를 촉진한다. 농촌관광마을의 조성을 위한 기본적인 소프트웨어는 바로 농촌이 지니고 있는 고유하고 독특한 자원이다. 농촌자원은 농촌경관, 자연, 문화, 유적지, 설화, 이야기, 놀이, 생활 방식 등을 말한다. 이러한 농촌자원은 농촌관광마을을 형성하고 새로운 가능성을 확대하는 데 있어 중요한 요소가 된다. 농촌자원의 활용 정도에 따라 마을의 모습이나 이미지가 새롭게 설정되고, 이것을 통해 관광객의 증가가 기대될 수 있기 때문이다.

따라서 농촌자원의 보전이나 관리를 지속적으로 유지하면서 독특하고 차별화된 상품의 개발이 무엇보다도 필요하다. 정부의 각 부처는 이를 통해 테마마을, 농촌전통마을, 친환경 자연생태마을 등의 특색 있는 마을 가꾸기를 이끌어 내어 경쟁력 있는 농촌이 조성될 것으로 기대하고 있다.

(5) 주민의 자발적 참여 유도

농촌관광마을은 공모방식을 통해 마을 주민의 자발적인 참여를 유도하고 있다(강신겸, 2002: 118 - 37). 마을에서부터 공모신청을 받은 후 시·군에서 접수 후 중앙 부처에서 평가하여 심사위원들의 타당성 조사와 현장 방문을 통해 대상지를 선정하는 공모방식을 취함으로써 일선 지방 정부들 간 또는 마을 간의 긍정적인 경쟁을 유도하고 주민들의 자발적인 참여와 의견수렴을 통해 농촌관광마을이 조성·추진되도록 하고 있다. 하드웨어는 사업모델 제시를 위한 시범마을 조성을 중심으로 유관사업을 연계하되 개인이 아니라 지역이나 마을, 지자체 대상으로 지원하고 있다.

(6) 테마 중심의 개발

농촌관광마을은 테마 중심의 개발을 추구하고 있다. 마을이 지니고 있는 농촌 자원의 특성과 내용에 따라 그 마을을 상징적으로 대변하고 이미지화

할 수 있는 마을 테마를 개발한다. 테마는 소재가 있고 이 소재를 바탕으로 이야기, 볼거리, 먹을거리, 놀 거리 등이 만들어지는 것을 의미한다. 따라서 마을마다 지역특성을 분석하고 그 결과를 바탕으로 테마를 개발하여 관광객의 방문욕구를 자극하는 동시에 지속적인 마을의 이미지를 고정화시키며 농촌 활성화를 이끌기 위해서 정부는 테마 개발을 농촌관광마을 만들기의 내용에 포함시키고 있다.

(7) 정책 연계의 필요성

농촌관광마을은 정책의 연계가 필요하다. 이는 기존의 정책이 그린투어리즘이라는 새로운 정책으로 인하여 중단되거나 예산의 낭비를 줄이기 위한 대안으로 정책 연계를 적극 시도하고 있다. 문화관광부의 관광개발 기본계획이나 교육인적자원부의 도농 간 교류체험학습 등의 중앙 부처뿐만 아니라 지방정부의 정책과도 긴밀한 업무 공조 체계를 구축하여 정책실패를 줄이고 모든 정부 단위들이 적극적으로 참여하여 농촌관광마을 만들기를 성공적으로 이끌기 위한 노력에 바탕을 두고 있다(정현욱 외, 2002).

4) 농촌관광마을의 관련 주체와 역할

농촌관광마을의 성공적인 조성은 무엇보다도 농촌관광마을을 추진하는 조직에 달려 있다고 해도 과언이 아니다. 특히 농촌관광마을의 주체가 지역주민이어야 한다는 것이 기존 관광과의 가장 큰 차이라고 할 수 있는데, 주체인 지역주민만이 아니라 연구기관, 지방자치단체, 여행사 및 방문객이 협력하는 시스템이 구비되어야 한다. 농촌관광마을을 추진하는 중심 주체는 마을 주민이 되지만, 지속 가능한 농촌관광을 유지시켜 주는 관련 주체가 필요하다. 관광활동을 즐기고 학습하는 관광자, 이를 사업으로 하는 여행사, 경관보전 및 농촌컨설팅에 관심이 많은 연구자, 이를 정책적으로 지원하는 지방자치단체라는 관련 주체가 있어 이들 각각의 역할과 협력을 통하여 상호 목표를 달성함으로써 비로소 사업으로서의 농촌관광마을이 지속 가능하게 되는 것이다.

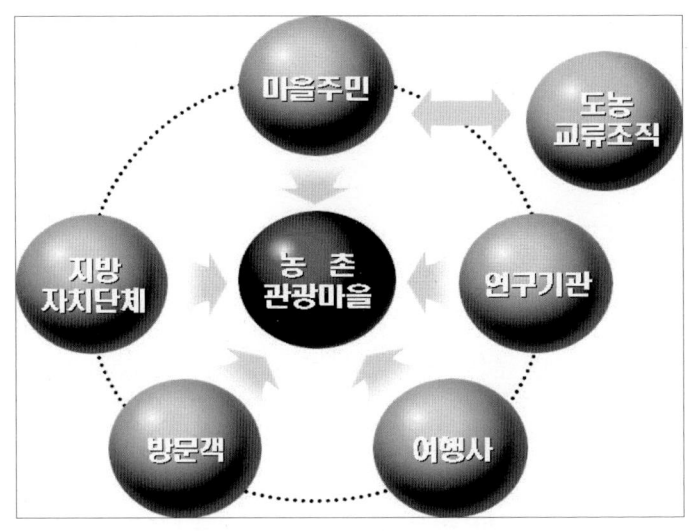

〈그림 2-8〉 농촌관광마을의 관련 주체

자료: 최성애, 2001을 토대로 필자 재구성.

이와 같이 농촌관광마을을 지속시키는 중요한 관련 주체로서 마을 주민, 관광객 및 내방객, 여행사, 연구기관 및 행정 등을 들 수 있고, 더불어 마을 주민과 직접적으로 교류하는 도농교류 조직을 들 수 있다(〈그림 2-8〉).

이들 각 주체는 각각의 역할을 통하여 주체의 목표를 달성하게 되는데, 이들의 역할을 정리해 보면 〈표 2-2〉와 같다. 민간주체는 주로 농촌관광의 추진을 실행하는 역할, 행정은 그것을 재정, 제도, 인적 자원 등의 측면에서 지원하는 역할을 기대할 수 있다(최성애, 2001: 50-1).

<표 2-2> 농촌관광 주체별 역할

관련 주체	역 할
지역추진조직	• 지속 가능한 농촌관광의 이념 확립 • 지역주민 조정 • 자원조사 • 프로그램 개발 • 타 관련 주체와의 조정 • 정보발신 등
지역주민	• 자원보전에 협력 • 프로그램 제공에 협력 • 가이드 등으로 참가 등
여행업자	• 프로그램 개발에 협력 • 여행상품 증진 • 여행서비스의 제공 • 타 지역정보의 제공 등
조사연구기관	• 자원조사 · 자원관리에 관한 제언 • 조사연구 협력 • 프로그램 개발에 협력 등
지방공공단체	• 재정적인 면에서 지원 • 지역 활성화 시책의 일환 • 제도 면(조례 등)에서 지원 • 인접 읍 · 면지역 조정 • 관련 주체의 조정 등
국 가	• 지속 가능한 농촌관광 추진의 체계(제도) 제공 • 자원관리 • 조사연구지원 등
내방객(관광자)	• 자원보호 • 자금지원 • 주위에 대한 계몽 등

자료: 최성애, 2001.

농촌관광마을과 주민참여 연구동향 2

1. 농촌관광마을 연구동향

농촌관광을 주제로 한 연구는 다양하게 행해지고 있으며, 크게 공급자 측면과 수요자 측면으로 나눌 수 있다. 수요자 측면에서의 연구는 농촌관광에 대한 도시민의 인지와 선호를 설문조사를 통해 분석함으로써 공급자와 공공부문에 시사점을 제공했다는 점에 의의가 있다(조재환, 2003; 조록환, 2005).

농촌관광마을에 관한 연구는 주민과 추진 주체의 특성에 관한 연구(김혜민, 2006; 서규선, 2006; 엄붕훈, 2006; 박재철, 2006)가 다양하게 진행되었다. 그러나 공급자 측면의 연구는 국지적 사례연구에 따라 농촌관광 전반에 걸친 일반화의 한계가 있으며 연구의 대부분이 여러 가지 요인에 따른 주민참여 의식의 변화과정을 고찰하지 못했다는 한계가 있다.

<표 2-3> 농촌관광마을 연구동향

연구주제	연구자	연구의 특징
수요자 측면의 연구	조재환 외(2003), 조록환 외(2005)	수요자 측면에서 농촌관광에 대한 도시민의 인지와 선호를 설문조사를 통해 분석함으로써 공급자와 공공부문에 시사점을 제공했다.
공급자 측면의 연구	김혜민(2006), 서규선(2006), 엄붕훈(2006) 박재철 외 (2006)	국지적 사례연구에 따라 농촌관광 전반에 걸친 일반화의 한계가 있으며 연구의 대부분이 여러 가지 요인에 따른 주민참여 의식의 변화과정을 고찰하지 못했다는 한계가 있다.

조재환(2003)은 도시민의 농촌관광 경험 실태와 참가 의향을 분석하고, 향후 농촌관광 서비스 구입에 영향을 미치는 특성들과 서비스 구입에 따른 지불의사금액 등을 제시함으로써 농촌관광 수요 기반을 확충하는 데 필요한 기초정보를 도출했다.

박덕병(2005)은 전국 특광역시 도시민 1,000명을 대상으로 농촌관광 실태 및 선호도 분석을 통해 농촌관광 발전 방안을 도출했다. 첫째, 농촌관광의 계절성 극복, 둘째, 자녀학습과 연계된 전략과 실천의 중요, 셋째, 농촌어메니티의 보존과 활용의 극대화, 넷째, 농촌관광 의향률은 높은데 비해 실천율은 낮은 것에 대한 전략개발, 다섯째, 홍보 및 마케팅의 적극적 추진 등을 제시했다.

김혜민(2006)은 산청 남사 전통 테마마을을 사례로 사업과정별 주민참여를 살펴본 결과 첫째, 교육 프로그램 확대를 통한 주민역량의 강화, 둘째, 마을 컨설팅 및 운영 조력자로서 외부 전문가의 네트워크 구축, 셋째, 이렇게 농촌전통 테마마을 사업이 일정한 궤도에 올라 유지단계가 되면, 내부조직의 공고화, 외연적 확장 등의 이원적 전략 등 마을 주민 조직의 활성화를 위한 구체적 전략 수립을 검토하여야 한다고 하였다.

엄붕훈(2006)은 농촌관광 인터넷 포털사이트 분석[11]을 중심으로 '그린투

---

11) 농촌관광 인터넷 포털사이트는 농림부에서 운영하는 농어촌종합정보 포털사이트(www.nongch on.or.kr)와 연계하여 운영 중인 '그린투어'사이트(www.greentour.or.kr), 농촌진흥청에서 운영하는 '전통테마마을'(www.go2vil.org), 농협중앙회에서 운영하는 '팜스테이마을'(www.farm stay.co.kr), 해양수산부에서 운영하는 '어촌체험마을'(www.seantour.com), 산림청에서 운영하는 '산촌마을'(www.san.go.kr/village) 및 행정자치부에서 운영하는 '정부하마을'(www.invil.org) 등의 사이트가 있나.

어리즘을 위한 농산어촌 체험마을 현황 분석'에서 1) 체험마을의 유형별/지역별 총괄현황을 분석, 2) 그린투어 체험마을의 지역별 총괄현황을 분석, 3) 체험마을의 유형별 현황을 분석, 4) 활동 테마별/계절별 체험마을을 분석, 5) 테마별 체험활동을 분석, 6) 지역별 이용만족도 및 이용시설 현황을 분석하였다.

서규선(2006)은 유능한 마을 사무장 유치, 농산물 공동 판매 코너 설치를 통한 수혜주민 확대, 화성시 도시계획의 재검토 보완 및 난개발 예방, 은행나무마을 전통테마의 차별화 및 특성화 강화, 계층별 수요자 유형별 특성을 고려한 방문객 유치 프로그램의 다양화, 이러한 프로그램의 운영지원 등이 필요하다고 하였다.

박재철 외(2006)는 도시민 유치실적과 소득 및 고유 축제를 중심으로 '농촌마을 가꾸기 경진대회 참여 마을의 농촌관광 성과분석'을 시도하였다. 연구에서는 2004년도 농촌마을 가꾸기 경진대회에 참가한 전국 50개 마을을 대상으로 결론을 도출하였는데, 첫째, 광역지방자치단체별로는 강원도와 충청남도, 경기도 등이 지방자치단체의 노력과 수도권과의 접근성 등의 영향으로 농촌관광이 보다 활성화되고 있는 것으로 나타나서 지방자치단체 간에도 농촌관광의 차이가 큰 것으로 나타났다. 둘째, 도시민 유치실적을 보면 수도권과의 접근성이 좋은 경기도가 농촌관광의 참여도가 높은 것으로 나타났으며, 접근성이 어려운 강원도에서 농촌관광의 활성화는 다른 지역의 농촌관광의 가능성을 시사해 준다고 할 수 있다. 셋째, 농가 소득 증대에 기여한 것은 직거래 및 현장 판매가 가장 높게 나타났고 음식물비와 숙박비의 비율이 상대적으로 낮은 것으로 나타나 농촌관광의 참여자들을 숙박으로 연결할 수 있는 방안을 마련하는 것이 앞으로 농촌관광의 활성화에 중요한 요인이 될 것으로 보인다. 넷째, 체험비와 직거래 및 현장 판매비와의 상관관계를 보았을 때, 체험활동에 대한 소득과 농산물 직거래 및 현장 판매비는 상관관계가 있는 것으로 나타났다. 다섯째, 주요 광역지방자치단체인 경기도와 강원도를 비교해 봤을 때 경기도는 음식물비의 비중이 높은 반면, 강원도는 직거래 및 현장 판매의 비중이 높은 것으로 나타나 지역별로 상이한 특성을 보였다. 여섯째, 지역별 소득 합계의 평균을 비교했을 때, 경기도와 강원도, 경상남도 등이 농촌관광을 통해서 소득을 상대적으로 많이 올리고 있는 것으로 나타났다. 일곱째, 마을 고유 축제를 보유하고 있는 마을의 수가 16개 마을(32%)이고 보유하고 있지 않는 마을이 34개 마을(68%)로서 도시민을 유치하고 마을을 알릴 수 있는 고유축제가 부족한 것으로 나타나 도시민을 유치하기 위한 전통축제의 발굴 및 새로운 축제개발이 필요하다고 제시하였다.

이상 농촌관광의 연구동향을 살펴보았는데 크게 수요자 측면과 공급자 측면으로 대별해 볼 수 있다. 대부분의 연구가 단편적이고, 국지적인 사례를 통한 연구이기 때문에 농촌관광 전반에 걸친 일반화의 한계가 따른다. 따라서 본 연구는 두 사례마을(신촌마을과 진목마을)을 통해서 공급자 측면의 연구를 진행하였고, 동시에 한 사례마을(진목마을)을 통해서 수요자 측면의 연구를 진행함으로써 공급자 측면과 수요자 측면의 연구를 동시에 수행했다는 점이 기존 연구와의 차별성이라고 할 수 있다.

2. 주민참여 연구동향

이연택(2004)은 관광정책에 있어서 주민참여의 의미는 일반적으로 논의되고 있는 정치적 관점의 접근뿐 아니라, 경제적·사회적 관점으로부터의 접근이 요구된다. 따라서 이를 포괄하는 통합적 관점의 적용이 필요하며, 그러한 의미에서 관광정책에 있어서 주민참여의 개념을 '의사결정 과정, 수익창출 과정, 주민교육 과정을 통한 주민의 자발적 행동'으로서 정의하였다.

이재준·이상문(2003)은 농촌마을 발전을 위한 가장 중요한 조건은 마을지도자의 선도와 주민의 적극적 참여가 가장 중요하고, 마을자원 개발을 통한 주민소득 증대도 중요한 것으로 판단되며, 따라서 앞으로 농촌마을 주민과 지도자 등 구성원들의 자발적인 노력을 유발할 수 있는 제도적 지원과 주민참여 사업의 확대 등 지원방안 연구의 필요성이 제기되었다.

조록환(2003)은 농촌관광이 성공하기 위해서는 지역자원도 풍부해야 하겠지만 지역주민의 자발적인 참여가 중요하며, 훌륭한 리더가 있어 주민들이 협동하여 마을을 가꾸고 방문객을 맞을 수 있어야 한다고 지적하였다. 농촌 주민들이 서로 간의 신뢰를 가지고 상호작용이 이루어지고, 개인 간 또는 개인과 조직 간의 상호 네트워크가 잘 형성되어 있으면 농촌관광 사업도 협동을 통하여 보다 성공적으로 이끌어 가게 된다. 결국 농촌관광 사업의 성공요인 중에 가장 중요한 부분은 주민참여 문제임을 강조했다.

김혜민(2006)은 주민참여를 전제로 한 마을계획은 마을에 따라 공동체 특성과 촉발배경, 추진 주체의 연계성 등 다양한 측면을 가지고 있기 때문에 단일의 계획 모형이 수립될 수 없다고 논하면서 주민참여와 관련해서 새로운 수요나 요구에 대응하는 주민참여형 계획모델 정립의 필요성을 제기하였다.

이정록(2005)은 농촌관광마을 만들기의 핵심은 마을 주민과 마을자원, 방문자가 서로 조화를 이루면서 마을의 고유성과 정체성을 형성·발전시키는 것이라면서 외부 자본 또는 기업가 자본에 의해 마을환경이 이용·통제되는 것이 아니라 마을에 거주하는 마을 주민이 주체가 되어 마을의 여건과 환경을 개선시켜 관광자원으로 활용하는 것이 농촌관광마을 만들기의 기본적인 사고라고 하였다.

〈표 2-4〉 주민참여 연구동향

연구주제	연구자	연구의 특징
주민참여의 특징에 관한 연구	이정록(2005), 이연택(2004), 나윤중 외(2007), 토리고에(1997)	주민참여의 개념과 특징 등 주민이 주체가 되어 지역을 보다 풍요롭게 만들기 위한 가치 있는 참여로서 주민참여의 특징을 연구했다.
주민참여 활성화 방안에 관한 연구	김혜민(2006), 조록환(2003), 이재준·이상문(2003), 주대진 외(2004)	농촌마을 발전을 위한 중요한 요건으로서 주민참여를 제시하고 주민참여형 계획모델 정립 및 도시민과의 네트워킹, 주민 역량 강화를 위한 외부협력 등의 필요성을 제기하였다.

나윤중 외(2007)는 관광개발에 관한 '지역공동체의 자율적 역량'은 개발을 통제할 수 '권력'(Power)과 개발을 실현할 수 있는 '수단'의 보유에 의해 결

정된다고 보았다. 또한 '지역공동체의 역량'은 개발의 방향과 결과에 결정적인 영향을 미친다고 하면서 그 근본이 되는 두 가지의 '지역공동체' 역량을 장기적으로 강화하고, 공동체의 의지를 실현할 수 있는 정책의 수립과 집행을 강조하였다.

주대진 외(2004)는 농촌마을 종합개발 사업에 마을 주민들의 참여를 이끌어 내기 위해서는 합리적 의사결정 과정을 위한 회의기법을 적극 도입하고, 리더의 개인갈등 및 마을 내 갈등을 원만히 해결할 수 있도록 계획가와 사업담당자가 갈등양상별 해결 스킬을 익히도록 해야 하며, 주민들의 역량 강화를 위한 자체 지원 방안과 외부협력을 통한 방안 등을 체계적으로 실시해야 한다고 지적하였다.

토리고에(鳥越)는 주민참여를 그 형식 및 내용에 따라 크게 제도적 참여, 목적적 참여, 가치적 참여의 세 가지 패턴으로 나누고 있다(鳥越皓之, 1997: 112). 특히 가치적 참여는 목적적 참여보다 한 걸음 나아간 것으로 마을 만들기[12]를 예로 들 수 있는데 어떤 특정한 사안만이 쟁점으로 떠오르고 그에 대해 이해관계가 걸려 있는 일부 주민들의 반대 운동으로 결집하거나 찬반 양론으로 갈라져 대립하는 것이 아니고 그러한 사안을 둘러싼 지역 공간적 맥락을 전반적으로 헤아리면서 논의해야 하고 따라서 그 지역을 구성하는 모든 주민들이 논의에 참여하는 것이다(김찬호, 2000: 107 – 9).

---

12) 마을 만들기(마찌즈꾸리)란 우리말로는 '지역 만들기'와 '마을 만들기'라고 번역되지만, 그 쓰임새와 뉘앙스에서 차이가 많다. '마찌'에는 '町', '街', 'まち' 세 가지 다른 표기가 있고, 그 함의가 각각 다르다. '町づくり'라고 하면 행정이 주도하는 이미지를 풍긴다. '街づくり'라고 하면 하드웨어 건설 쪽에 초점이 맞춰져 있는 것으로 들린다. 'まちづくり'라는 표기에는 '町づくり'와 '街づくり'를 의식해 뭔가 변별적 의미를 가리키기 위한 의도가 담겨 있었다. 곧 한편으로는 행정 주도 일변도가 아닌 주민참여를 도모하고, 다른 한편으로는 하드웨어만이 아니라 소프트웨어도 포함하는 개념이 되는 것이다. 지금 단계에서 가장 일반적으로는 '주민이 지역의 거주성을 높이기 위해 지역 자원의 공동 관리를 지향하는 운동', 또는 '거주 환경을 정비하기 위하여 주민의 다양한 요구들을 받아들여 계획에 주민참여를 도모하는 것' 등으로 풀이된다(김찬호: 103 – 104).

<표 2-5> 주민참여의 세 가지 수준

종 류	내 용	예시
제도적 참여	시민의 당연한 권리와 의무로서의 참여	• 시민위원회를 조직 • 시민을 대표하여 자치회장이나 부인회장을 소집하는 경우
목적적 참여	지역의 여러 가지 이해관계에 연루되어, 당장의 어떤 이익 또는 손해의 발생을 계기로 참여	• 반대 또는 요구형 주민 운동
가치적 참여	장기적인 전망을 가지고 자기가 사는 지역을 보다 풍요롭고 쾌적하게 만들기 위해 참여	• 마을 만들기

자료: 김찬호, 2000을 바탕으로 필자 구성.

　　이상 주민참여의 연구동향을 살펴보았는데 대부분의 연구가 개별 마을을 사례로 주민참여의 특징을 연구하였기 때문에 농촌관광마을 전반에 걸친 일반화의 한계가 따른다. 그 이유는 마을마다 마을의 자연환경과 보유 자원, 그리고 인적 구성 등 다양한 특징을 가지고 있기 때문이다. 그러나 본 연구는 두 마을(신촌마을과 진목마을) 사례를 통해서 연구자가 직접 마을 주민들과 함께 마을 발전계획을 세우고 현장에서 경험적인 연구를 수행함으로써 두 마을의 주민참여에서 나타나는 특징과 그로 인한 파급효과 등을 파악할 수 있었다. 이러한 점이 기존 연구와 다른 점이라 할 수 있다.

우리나라 농촌관광마을 추진사업의 전개

3

1. 정부 부처별 농촌관광마을 추진정책의 특징

우리나라 농촌개발의 지역적 단위는 1980년대 시·군(농촌종합 개발 등)에서 1990년대 읍·면(정주권 개발 등), 2000년대 마을(녹색농촌체험 시범마을 등)로 변화하고 있는 추세이다(허장·정기환, 2003: 52). 1980년대에 시작된 관광농원, 휴양단지, 민박마을 등 시설 위주의 농촌관광 정책뿐만이 아니라 1990년대의 농어촌발전특별조치법에 근거한 정주권 개발사업, 문화마을 조성사업, 농어촌 휴양지 조성사업, 관광농원 개발사업 등이 농어촌지역 소득 증대 사업의 일환으로 펼쳐졌다. 2000년대에 나타난 중앙부처의 관광 관련 정책들은 80~90년대의 농외소득 증대와 농촌지역 활성화를 위한 도농교류 사업의 규모가 확대되고, 다양한 방식으로 확산된 결과이다(박시현, 2006).

<표 2-6> 정부 부처별 농촌관광마을 추진 정책

사업명	주관부처	근거법	출발 연도	사업비 (국비)	대상 범위	주 사업내용	사업특징	비고
아름마을 가꾸기	행정 자치부		2001	10억	마을	정주 기반 확충 도농교류 사업 소프트웨어 사업	소득 증대를 위한 마을 단위 종합개발방식	공모방식 현재중단
녹색농촌 체험마을	농림부	농업농촌 기본법 농어촌 정비법	2002	2억 (1억)	마을	도농교류 사업 소프트웨어 사업	녹색관광을 위한 마을 기반 정비	공모방식
농촌전통 테마마을	농촌 진흥청	농업농촌 기본법 농촌진흥법	2002	2억 (1억)	마을	도농교류 사업 소프트웨어 사업	테마를 주제로 마을 단위 녹색관광 추진	공모방식 추진과정 독특성(생활 지도사)
어촌 체험마을	해양 수산부	해양수산 발전기본법 농어촌 정비법	2001	10억 (5억)	마을	기반구축 사업 어촌리더 육성사업	어촌관광을 위한 마을 기반 정비	시·도 시행 해양수산부 심사

자료: 송미령·성주인. 2004. 재구성.

1984년 이후 농림부가 농어촌발전특별조치법에 근거하여 추진한 관광농원, 민박마을 등의 상당수는 지금까지도 농촌관광의 주요한 공급시설로서 역할을 담당하고 있다. 특히 관광농원은 1984년 지정 이래 568개소까지 지정되었으나 IMF 등을 거치면서 일부가 휴·폐업하고 2005년 말 현재 383개가 운영 중이다(박시현 외, 2007: 276).

농촌의 활성화와 여가 확대에 대응하기 위해 농촌관광마을 육성 정책에 의해 도입된 농촌관광마을은 농림부, 행정자치부, 해양수산부, 문화관광부, 농촌진흥청 등 정부 각 부처에서 경쟁적으로 추진하고 있다. 행정자치부에서는 2001년부터 '아름마을 가꾸기 사업'을 추진하였으며 2002년 사업이 중단될 때까지 21개 마을이 선정·조성되었다.

농림부(녹색농촌 체험마을)에서는 2002년에 시도별로 대상지를 추천받아 마을별 사업계획 설명회와 전문가들의 현지조사를 실시한 후 대상마을 선정 심의회를 거쳐 강원도 화천군 신대리 토고미마을 등 18개 마을을 선정(녹색 농촌관광의 조기 파급효과 유도를 위해 도별 2개 마을 선정)하였는데, 2003년에는 26개 마을, 2004년에는 32개 마을, 2005년에는 47개 마을, 2006년에는 67개 마을이 추가로 선정되어 2006년 말 현재 전국적으로 190개 마을이 선정·운영되고 있다. 농림부에서는 농촌체험·휴양 기반을 확충하여 농촌관광산업을 육성·지원하고자 2013년까지 670개소의 녹색농촌 체험마을의 조성을 확대하려고 한다. 본서의 사례마을인 광양시 신촌마을은 2005년에 선정되었으며, 장흥군 진목마을은 2006년에 선정되었다.

농촌진흥청(농촌전통 테마마을)에서는 2002년에 도별 1개소로 경기도 이천시의 자채방아마을 등 9개 마을을 선정했으며, 2003년 18개 마을, 2004년 18개 마을, 2005년 21개 마을, 2006년 21개 마을을 선정해 전국적으로 총 97개 마을이 선정·조성되었다.

해양수산부(어촌 체험마을)에서는 도시인에게 어촌과의 교류확대 및 자연과 공생하는 휴식·여가 공간 제공을 위해 어촌 체험마을을 추진하였다. 2001년부터 2006년까지 76개 마을이 조성되었는데, 2001년 9개 마을, 2002년 8개 마을, 2003년 11개 마을, 2004년 12개 마을, 2005년 18개 마을, 2006년 18개 마을이다. 어촌 체험마을은 2013년까지 총 112개 마을을 조성할 계획이다.

산림청(산촌 생태마을)에서는 산촌지역의 풍부한 산림 등 휴양자원을 활용한 소득원 개발과 생활환경개선을 통해 산촌주민의 삶의 질을 향상시키고 산촌을 산림경영의 거점으로 육성함으로써 지역 간 균형발전에 기여하고자 추진하였다. 1995년부터 2006년까지 138개 마을에 대해 사업을 완료하였는데, 1995년부터 2000년까지 25개 마을, 2001년 22개 마을, 2002년 12개 마을, 2003년 34개 마을, 2004년 15개 마을, 2005년 10개 마을, 2006년 20개 마을이다. 산촌 생태마을은 2007년부터 2011년까지 추가로 132개 마을을 조성할 계획에 있으므로 총 270개 마을을 조성할 계획이다.

문화관광부(문화·역사마을)에서는 2004년~2009년까지 마을의 문화·역사적 소재를 발굴·육성, 관광자원화하여 문화와 환경이 아름답게 조화된 자생력 있는 마을로 조성하기 위하여 1개 마을당 30억 원(기금 20억 원/지방비 10억 원)이 투입되는 사업으로 전국 9개 도를 대상으로 각 도에 1개 마을 조성을 원칙으로 하고, 지자체 희망 시·도 단위 사업비(30억 원: 기금

20억, 지방비 10억) 내에서 2개 마을까지 허용하고 있다. 2005년 현재 7개도 10개 마을이 선정·조성되었다.

농촌관광마을의 경우 정부 각 부처별로 육성 계획이 수립되어 있고 지역별 자체 확대 노력도 있으므로 상당한 정도로 양적 확대가 이루어질 것이다. 2006년 현재 400여 개 정도인 농촌관광마을은 계획대로라면 매년 130여 개씩 증가하여 2014년에는 1,400여 개로 확대될 전망이다(송미령·성주인, 2005: 191-92).

〈표 2-7〉 농촌관광마을 육성 계획

구 분	아름마을	녹색 농촌마을	전통 테마마을	산촌 생태마을	어촌 체험마을	문화 역사마을	총 계
2005	23	76	45	118	40	3	305
2006	-	47	21	20	18	7	113
2007	-	74	21	15	18	4	132
2008	-	74	21	18	9	-	122
2009	-	90	21	15	9	-	135
2010	-	90	21	18	9	-	138
2011~14	-	399	-	66	9	-	474
총 계	23	850	150	270	112	14	1,419

자료: 송미령·성주인, 2005를 바탕으로 재작성.

2. 농림부의 녹색농촌 체험마을 시범사업

본서에서는 농림부의 녹색농촌 체험마을 사업에 대해 자세히 기술하기로 한다. 최근 주 40시간 근무제 실시, 교통망 확충, 노령연금 정착 등의 영향으로 농촌체험 관광 수요가 점차 증가하는 가운데 관광형태도 유명관광지 위주의 대중관광에서 가족 중심의 체험관광 등 대안관광 형태로 변화되는 추세이고 농업·농촌의 다원적 기능에 대한 국민적 인식 확산도 농촌체험 관광 수요 증가에 영향을 미칠 전망이다. 이러한 여건변화를 인구감소, 고령화, 도농 간 소득격차 등으로 침체되고 있는 농촌의 기능과 활력을 되살릴 수 있는 기회로 활용하는 것이 필요하게 됨으로써 2002년부터 농촌지역 활력 증진 및 소득 증대, 도시민의 건전한 여가문화 조성을 위해 마을 단위 녹색농촌 체험마을 조성사업을 추진하게 되었다.

<표 2-8> 예시사업 내역

구 분	세부사업내역(예시)
생활편의시설	마을안길, 마을안내판(석), 가구별 안내판, 표지판, 상하수도, 오물처리시설, 급수대, 인터넷 공동이용 시설, 마을 홈페이지, 마을회관 개보수, 벤치·정자, 가로등, 공동화장실·공동샤워실·공동취사장 등
농촌체험 기반시설	체험농장·체험목장 조성(농장·목장에 원두막·관찰코스 등 체험시설 조성), 주차장, 캠핑장, 산책로, 낚시터·물놀이시설·해가림시설 등 주변여가시설, 잔디축구장, 소규모 체육시설 등 레크리에이션 시설, 어린이놀이터, 기존 마을회관·창고·축사·폐교 시설을 단체 숙소나 체육·문화공간으로 개조, 축대, 안전시설·장비 및 장애인·노인용 편의시설·장비 등
마을경관 조성지원	화단·꽃밭 가꾸기, 마을 진입로 수목 식재, 꽃길 조성, 잔디광장조성, 마을 내 다리 보수, 토담·돌담 조성, 초가·기와 등 전통지붕 조성, 전통건축물·유적지 보수, 빈 집정비 등
컨설팅, 설계비	사업계획 수립과 시행을 위한 전문가 자원조사 및 컨설팅비용(10백만 원까지), 설계비, 안전진단비용 등
교육훈련 홍보비 등	주민 교육훈련 및 팸플릿 제작 등

자료: 농림부 농촌진흥과, 2002.

녹색농촌 체험마을 사업의 목적은 이렇게 주 40시간 근무제 등으로 증대되고 있는 도시민의 여가 수요를 농촌으로 유치하여 농외소득 증대 등 농촌지역 활력 증진을 도모하면서 친환경 농업, 자연경관 등을 활용한 농촌체험관광 활성화를 통해 농업부가가치를 증진시키고 농촌지역공동체의 형성 및 복원과 함께 도시민의 다양한 수요에 맞는 휴양·체험 공간으로 녹색농촌 체험마을을 조성하여 농촌체험관광 및 도농교류 거점으로 활용하는 것이 사업의 궁극적 목적이다.

사업의 근거법령은 농업·농촌기본법 제38조(농촌지역산업의 진흥 및 개발), 농어촌정비법 제66조(농어촌관광 휴양의 지원·육성), 농림어업인 삶의 질 향상 및 농산어촌 지역개발 촉진에 관한 특별법 제35조(도시와 농산어촌의 교류 확대)이다.

사업의 내용 및 사업수행 절차를 살펴보면, 주민협의를 바탕으로 마련한 마을협정과 사업계획에 따라 도시방문객 유치를 위해 필요한 마을 공동의 농촌체험 기반시설, 생활 편의시설, 마을경관 및 컨설팅 등 S/W 관련 분야 등의 조성을 지원(마을당 2억 원, 국비 50%·지방비 50%)하여 자연경관, 농업, 생활문화 등 농촌의 특성을 살린 마을로 조성하여 유흥·위락 위주의 기존 대중관광과는 차별화된 여가 서비스를 제공하는 것이 사업의 내용이다 (〈표 2-8〉 참고).

사업의 수행절차를 보면 사업의 시행 주체는 시장·군수·구청장이며, 사업추진절차는 사업시행지침 시달(농림부)→마을협정 체결 및 사업계획 수립(마을)→대상지 신청(마을→시·군→시·도)→대상마을 선정(시·군, 시·도)→사업시행 준비(마을, 시·군)→사업시행계획 수립(마을)→사업시행계획 승인(시·군, 시·도)→사업시행 및 체험마을 운영(마을), 추진상황 점검 및 사후관리(시·군)순으로 진행된다.

〈표 2-9〉 녹색농촌 체험마을 선정 현황

구 분	전 체	경 기	대 전	강 원	충 북	충 남	전 북	전 남	경 북	경 남	제 주
2002	18	2	0	2	2	2	2	2	2	2	2
2003	26	4	1	4	3	2	4	1	4	2	1
2004	32	1	0	9	1	6	4	3	4	3	1
2005	47	8	0	7	2	6	8	4	5	5	2
2006	67	7	0	7	4	15	9	6	9	8	2
합 계	190	22	1	29	12	31	27	16	24	20	8

자료: 농림부 농촌진흥과 자료, 2007.

녹색농촌 체험마을은 2002년에 시도별로 대상지를 추천받아 마을별 사업계획 설명회와 전문가들의 현지조사를 실시한 후 대상마을 선정 심의회를 거쳐 강원도 화천군 신대리 토고미마을 등 18개 마을을 선정(녹색농촌관광의 조기 파급효과 유도를 위해 도별 2개 마을 선정)한 바 있다. 2003년에는 26개 마을, 2004년에는 32개 마을, 2005년에는 47개 마을, 2006년에는 67개 마을이 추가로 선정되어 2006년 말 현재 전국적으로 190개 마을이 선정·운영되고 있다. 현재까지 선정된 마을은 충남이 31개 마을로 가장 많고 전남은 16개 마을로 전체에서 8.4%를 점하고 있다(〈표 2-9〉 참조).

현재까지의 사업성과를 살펴보면, 녹색농촌 체험마을 사업은 마을 단위 농촌체험관광 사업으로 그 성과는 마을을 찾은 '방문객 수'와 마을의 '농촌 체험관광 매출액'으로 볼 수 있는데 아직까지는 농가소득 중 관광소득이 차지하는 비율이나 관광객 1인당 지출액을 별도로 조사한 데이터는 없는 실정이다. 다만, 국회예산정책처 보고서에 의하면, 관광객 1인당 지출액은 농림부에서 조사한 농촌체험관광 매출액과 방문객 수를 2차 가공한 데이터이다(농촌체험관광 매출액/방문객 수). 기타 사업추진의 성과를 보면, 농촌체험관광 등 농촌지역 개발의 성공적 추진을 위한 주민역량 등 인력육성의 필요성에 대한 인식이 확산되었으며 마을 발전의 계기를 마련하였다. 또한 마을 주민과 지자체 공무원의 긍정적인 인식 변화로 지역 활성화의 기틀이 마련되었으며 의욕적인 마을리더에 의한 주민 단합과 행정의 적극적인 뒷받침으로 마을이 활성화되는 사례가 나타나고 있다.

〈표 2-10〉 녹색농촌 체험마을 방문객 수 및 매출액 추이

항 목	2004년	2005년	증가율
녹색농촌 체험마을 방문객수	928천 명	994천 명	7.1%
녹색농촌 체험마을 매출액	74억 원	111억 원	50.0%

자료: 농림부 국회의원 요구 자료에 근거하여 작성. 2006.

녹색농촌 체험마을 방문객 수는 2004년 928천 명에서 2005년 현재 994천 명으로 증가했으며, 매출액은 2004년 74억 원에서 2005년 111원으로 증가했다(〈표 2-10〉 참조). 아울러 체험마을의 브랜드 가치로 인근 주변 지역의 농산물 판매에도 기여하는 효과가 나타나고 있다. 이외에도 방문객 유치를 위한 마을경관, 상·하수도, 주차장, 민박 등 마을환경 개선으로 주민들의 삶의 질이 향상되는 성과도 거두고 있다.

〈표 2-11〉 농촌관광 홍보 현황(2006년)

홍보명	내용	기 간	예 산
여름휴가 농산어촌 고향에서 보내기 캠페인	• 캠페인 참여협조 서신발송(8천여 기관) • 차관회의·국무회의를 통해 관계부처 참여 협조(농림어업 유관기관 합동) • 발대식 개최(명동) • 농산어촌 체험여행 책자(농산어촌 체험여행 200선) 제작·배포 • TV·신문·인터넷·라디오 등 대중매체를 활용한 홍보 • LED(옥외대형전광판) 광고 • 지하철·시내버스 활용 광고 • 콜센터 운영 • 각종 이벤트 전개 등 추진	2006. 6~8	280백만 원
나의 농촌문화 체험기 공모전	• 1천여 편 접수, 향후 접수작에 대한 심사를 거쳐 2006. 12월경 시상계획 • 농업·농촌의 소중함을 알리고, 농촌체험관광 참여 확대가 목적	2006. 7~12	65백만 원
초등교사 농촌체험학습 행사	• 여름방학 기간을 활용하여 농촌체험마을에서 실시 (594명 참가) • 농촌체험학습의 필요성 및 중요성에 대한 공감대를 확산하고, 농촌체험관광 참여 확대가 목적	2006. 7~8	23백만 원
농촌관광 포털사이트 운영	• 도시민들에게 다양한 농촌체험관광 등 도농교류 관련 정보를 제공하기 위해 실시	연 중	170백만 원
올해의 도농교류상 개최	• 농촌체험관광 등 도농교류 활성화에 기여하는 등 농촌을 위해 일하는 사람들에게 자긍심을 고취하고, 국민적 관심 증진과 동기 유발 촉진을 위해 실시	2006. 9~12	60백만 원
기 타	• 보도자료 배포, 정책홍보 강의 • 언론 기고 및 인터뷰, 전문지 등에 기획홍보 • PCRM 발송 • 과 정책고객대상으로 이메일 발송 등	연 중	비예산

자료: 농림부 국회의원 요구 자료에 근거하여 작성, 2006.

  한편 농촌관광을 활성화하기 위한 홍보·마케팅 부분에서도 다양한 매체와 채널을 통해 홍보를 하고 있다(〈표 2-11〉 참조). 홍보 시 사용하는 매체 각각의 구성비율과 관광객 유도에의 기여 정도를 봤을 때, 매체의 구성비율은 TV·라디오 방송, 신문, 전문지, 홍보책자 등 홍보물 제작·배포, 행사 개최, 광고, 인터넷13) 등 타깃별 다양한 방식으로 골고루 병행하여 활용하고 있으며 관광객 유도에의 기여 정도는 홍보매체 중 TV·라디오 방송

---

13) 행사는 캠페인, 공모전, 체험행사, 도농교류상 시상 등을 개최하였고, 광고는 지하철·시내버스 등 대중교통 활용, LED 등, 인터넷은 PCRM, 농촌관광포털사이트, NAVER·DAUM 농림부 블로그 등이다.

의 기여 정도가 크며, 방문객 중 유치원·초등학생을 둔 부모의 관심 증가로 체험마을 방문 증가 등에 기여하고 있는 것으로 밝혀졌다. 2005년 여름 휴가 캠페인 기간 동안 녹색농촌 체험마을 방문객 수가 전년 동기대비 22% 수준 증가한 것이 그 예이다. 또한 농업·농촌의 소중함을 알리고, 농촌체험관광 참여 확대를 목적으로 실시하는 '나의 농촌문화 체험기 공모전'에 '04년 1,036편이 접수되었으나 '05년에는 1,973편으로 접수가 점차 증가하면서 관심 또한 늘고 있다.

더불어 '05년 농산어촌체험박람회 관람객 대상 설문조사 결과, 차기 박람회에 재방문하겠다는 응답이 84%, 박람회를 통해 관람한 마을 중 방문하고 싶은 마을이 있다는 응답이 65%로 나타나는 등 다양한 홍보를 통해 체험마을의 방문객 수 및 매출액 증가에 기여하고 있다.

농림부의 녹색농촌 체험마을 사업의 사후관리 방안은 크게 5가지로 살펴볼 수 있다. 첫째, 도시민의 여가수요 증가에 부응한 농촌체험·휴양 기반의 확충이다. 도시민의 농촌체험활동 중 사고발생에 대비한 보험 상품 개발·보급 및 보험가입 지원[14]을 하고 매년 농촌마을 가꾸기 경진대회 개최를 통해 농촌체험관광을 추진하고 있는 마을 중 우수마을을 선정하여 인센티브(시상금)를 제공 및 홍보한다. 또한 2005년부터 농촌체험관광과 시너지 효과를 제고하고, 도농교류 등에 활용 가능한 지역 등을 우선 선정하여 경관보전 직접 지불제 사업을 도입·추진하고 있다.

둘째, 농촌체험관광 등 농촌지역 개발을 주도해 나갈 지역의 역량 강화를 위해 중장기 인력육성대책 수립('05. 4) 및 추진을 들 수 있다. 마을리더, 주민 등을 대상으로 농촌체험관광 등 농촌지역 개발 관련 전문교육 실시 및 관련 교재를 개발·보급하고 농촌체험 프로그램 개발·운영, 마을사무 관리 등 농산어촌 체험관광 관련 업무를 담당하는 마을사무장제 도입·운영 등을 추진하고 있다.[15]

---

14) 2006년 65개 마을, 연간 최대 100만 원 한도 내 지원.

15) 2005년 14개 세부과정에 1,707명이 교육을 이수했으며, 2006년 21개 세부과정에 2,000명의 전문교육 실시를 계획하고 있다. 관련 교재는 '주민참여형 농촌마을 가꾸기 표준교재'를 개발하여 2006년 4월 ? 천 부를 보급하였고 마을사무장제를 2006년 100개 마을에 도입·운영하였다.

셋째, 농촌체험관광 등 도농교류에 대한 국민적 관심 제고 및 사회적 붐 조성을 위한 다양한 홍보활동 전개다. 농산어촌체험박람회('05년 개최), 여름휴가 농산어촌 고향에서 보내기 캠페인, 농촌문화 체험기 공모전, 초등교사 농촌체험 학습행사, 농촌관광 포털사이트 운영, 올해의 도농교류상, TV·신문 활용 홍보를 하고 있다.

넷째, 농산어촌 체험마을 사후관리 체계 및 네트워크 구축·운영으로서 사업추진과 관련, 마을에서 수시로 전문가로부터 자문을 받을 수 있는 1인 1촌 전문가 자문지원 시스템을 구축·운영[16]하고 있으며, 농산어촌 체험마을 지원 사업의 효율적 추진을 위해 통합지침 및 관계부처 실무협의회 운영 등의 협조체제를 구축·운영 중('04. 11월부터)이다. 또한 녹색농촌 체험마을 추진상황 점검 및 향후 발전방향 모색을 위한 사업평가회 개최, 지역 단위 네트워크 구축 및 정보공유 등을 위한 지자체장이 주도하는 그린포럼을 2005년부터 개최하고 있다.

마지막으로 농촌체험관광 등 도농교류 관련 제도 개선 및 지원시스템 마련을 들 수 있다. 농어촌정비법 개정을 통해 농어촌지역의 무분별한 펜션 난립을 방지하고, 건전한 농어촌민박 육성을 위해 농어촌민박 지정제 도입 및 시설기준 강화를 2005년 11월부터 시행하고 있다. 또한 도농교류에 대한 체계적 지원을 위한 '(가칭)도농교류촉진법' 제정을 검토 중에 있으며, 농촌 체험관광 등 도농교류 활성화 관련 업무를 지원하기 위한 도농교류센터를 2004년부터 설치·운영하고 있다(농림부 국회의원 요구자료, 2006).

3. 광주·전남권 농촌관광마을 현황

광주·전남의 농촌관광마을은 2006년 현재 총 66개 마을로서 전국 418개 마을 대비 15.8%(66개)를 점하고 있다. 구체적으로 보면, 아름마을 13.0%(3/23),

---

16) 2005년 7월부터 40개 마을 지원.

녹색농촌 체험마을 13.0%(16/123), 농촌전통 테마마을 18.2%(12/66), 산촌 생태마을 10.1%(14/138), 어촌 체험마을 34.5%(20/58), 문화역사마을 10.0%(1/10)로 어촌 체험마을의 비중이 상대적으로 높은 것으로 나타났다〈표 2 - 12〉참조).

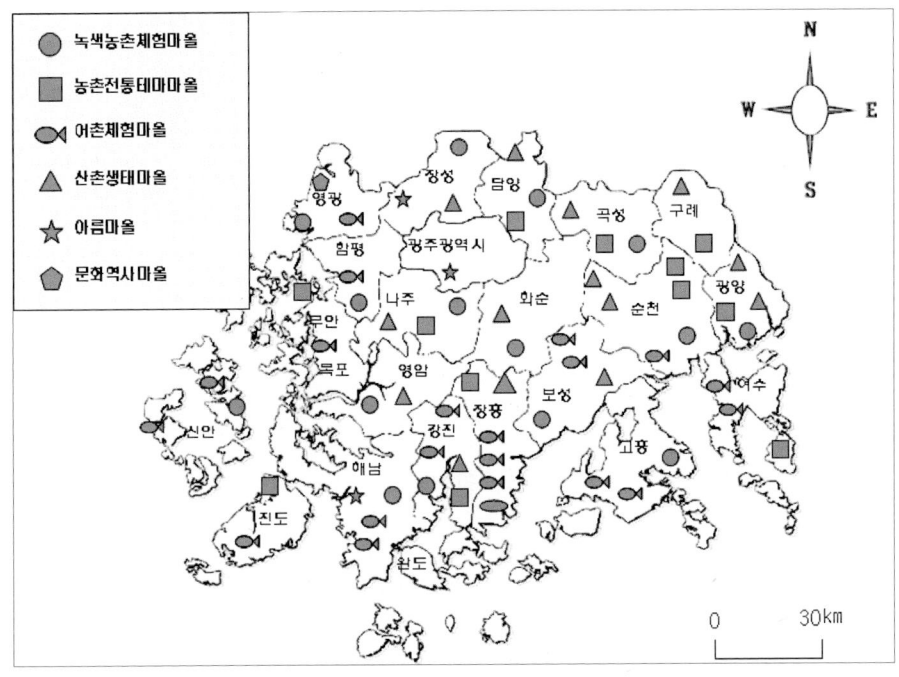

〈그림 2-9〉 광주·전남 농촌관광마을 분포 현황

〈표 2-12〉 광주·전남 농촌관광마을 현황(2006년)

구 분	아름마을	녹색 농촌마을	전통 테마마을	산촌 생태마을	어촌 체험마을	문화 역사마을	총 계
2001	1	–	–	6	1	–	8
2002	2	2	1	1	1	–	7
2003	–	1	2	4	2	–	9
2004	–	3	4	1	3	–	11
2005	–	4	3	1	5	1	14
2006	–	6	2	1	8	–	17
총계	3	16	12	14	20	1	66

자료: 정부 부처별 사업을 토대로 필자가 재구성.

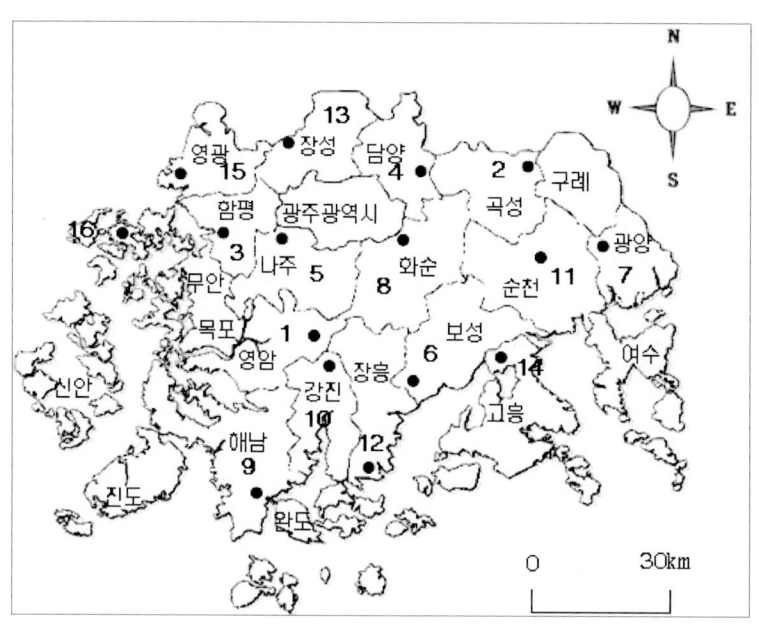

〈그림 2-10〉 녹색농촌 체험마을 전남 분포 현황

　녹색농촌 체험마을에 선정된 전남권 16개 마을은 아래 표와 같으며 본서의 사례마을인 광양시 봉강면 신촌마을은 2005년에, 그리고 장흥군은 2006년 사업에 회진면 호박나라 진목마을이 선정되어 사업이 진행되었다(〈표 2-13〉 참조).

〈표 2-13〉 녹색농촌 체험마을 전남 선정 현황

구 분	전 체	선정 마을	
2002	2	영암군 덕진면 영보마을	1
		곡성군 고달면 가정마을	2
2003	1	함평군 대동면 호정마을	3
2004	3	담양군 대덕면 시목마을	4
		나주시 노안면 계량마을	5
		보성군 웅치면 삼수마을	6
2005	4	광양시 봉강면 신촌마을	7
		화순군 화순읍 만수마을	8
		해남군 북평면 동해마을	9
		강진군 옴천면 계원마을	10

구 분	전 체	선정 마을	
2006	6	순천시 승주읍 고산마을	11
		장흥군 회진면 진목마을	12
		장성군 서삼면 괴정마을	13
		고흥군 대서면 신기마을	14
		영광군 염산면 상정마을	15
		신안군 지도읍 내양마을	16
합 계	16		

자료: 농림부. 2006.

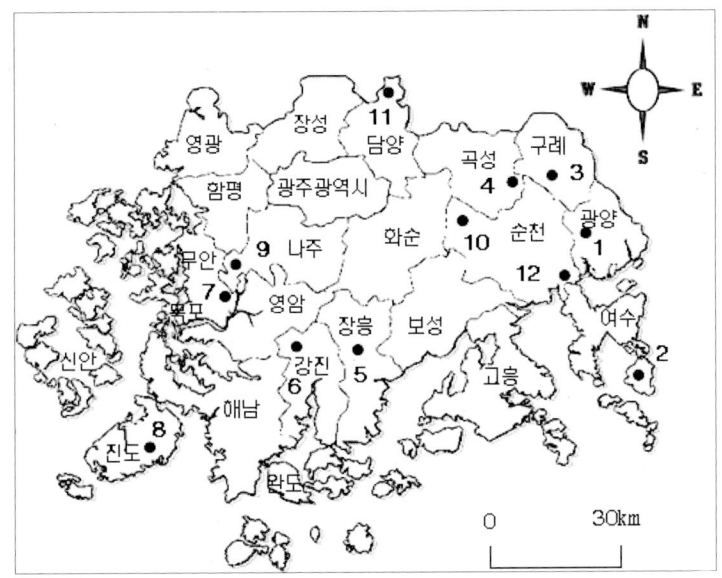

〈그림 2-11〉 농촌전통 테마마을 전남 분포 현황

　　농촌진흥청의 '농촌전통 테마마을'은 농촌마을의 주민공동체가 전통 문화 자원을 중심으로 한 농업·농촌자원을 개발하여 관광 및 체험의 장을 마련함으로써 도시민에게 쉼과 즐거움을 제공함은 물론 농가소득 증대와 지역 활성화를 목적으로 조성하고 있다. 농촌전통 테마마을은 '02년 도별로 1개 마을씩 전국에 9개소가 처음 조성된 이래 앞으로 '09년까지 총 160개소의 농촌전통 테마마을을 조성할 계획이다. 2006년에 전남은 2개 마을이 선정되어 2006년 말 현재 전남은 12개 마을이 조성되었다〈표 2-14〉 참조).

<표 2-14> 농촌전통 테마마을 전남 선정 현황

구 분	전 체	선정 마을	
2002	1	광양시 옥룡면 추산리 도선국사마을	1
2003	2	여수시 돌산읍 율림리 돌산갓김치마을	2
		구례군 구례읍 계산리 다무락마을	3
2004	4	곡성군 죽곡면 하한리 하늘나리마을	4
		장흥군 장흥읍 평화1구 상선약수마을	5
		강진군 성전면 대월 청자골달마지마을	6
		무안군 일로읍 복룡리 백련흑콩마을	7
2005	3	진도군 의신면 사천리 빗기내운림촌	8
		나주시 공산면 신곡리 영산나루마을	9
		순천시 주암면 운룡리 용오름마을	10
2006	2	담양군 용면 용연리 분통마을	11
		순천시 해룡면 해창마을	12
합 계		12	

자료: 농촌진흥청, 2006.

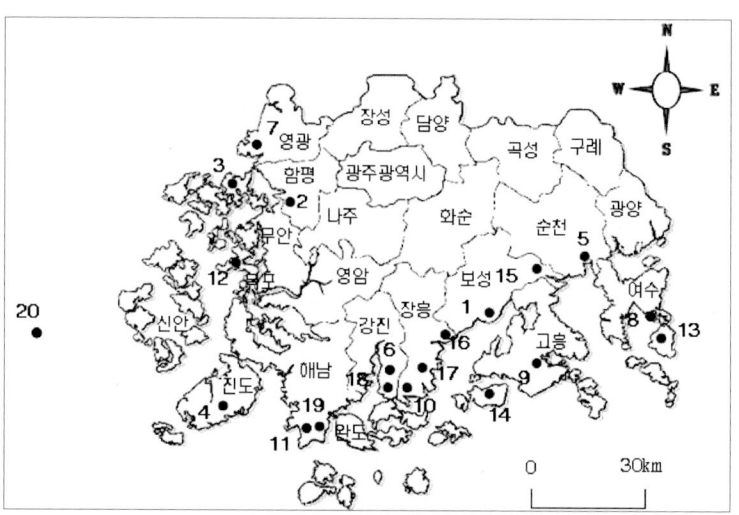

<그림 2-12> 어촌 체험마을 전남 분포 현황

　　해양수산부의 어촌 체험마을은 어촌관광기반 시설 조성, 체험 프로그램 개발, 휴식공간 조성 등의 기반구축 사업과 어촌관광리더와 전문가이드 육성을 사업의 주요 추진방향으로 하고 있다. 어촌 체험마을은 2013년까지 총 112개 마을을 조성할 계획인데, 2006년 말 현재 76개 마을이 조성되었으며,

2006년까지 조성 완료된 전남권 어촌 체험마을은 2001년 1개 마을, 2002년 1개 마을, 2003년 2개 마을, 2004년 3개 마을, 2005년 5개 마을, 2006년 8개 마을로 총 20개 마을(전체의 26.3%)이 선정·조성되었다(〈표 2-15〉 참조).

〈표 2-15〉 어촌 체험마을 전남 선정 현황

구 분	전 체	선정 마을	
2001	1	보성군 득량면 비봉리 선소마을	1
2002	1	함평군 함평읍 석성리 석두마을	2
2003	2	무안군 해제면 송석리 송계마을	3
		진도군 임회면 죽림리 죽림마을	4
2004	3	순천시 해룡면 상내리 와온마을	5
		강진군 대구면 저두리 하저마을	6
		영광군 염산면 두우리 두우마을	7
2005	5	여수시 경호동 외동지내 외동마을	8
		고흥군 포두면 남성리 남성마을	9
		장흥군 대덕읍 신리 신리마을	10
		해남군 송지면 사구리 사구마을	11
		신안군 압해면 대천리 수락마을	12
2006	8	여수시 돌산읍 율림리 소율마을	13
		고흥군 금산면 어전리 금장마을	14
		보성군 벌교읍 장양리 진석마을	15
		장흥군 안양면 수문리 수문마을	16
		장흥군 관산읍 사금리 사금마을	17
		강진군 마량면 마량리 서중마을	18
		해남군 북평면 오산리 오산마을	19
		신안군 흑산면 진리2 읍동마을	20
합계		20	

자료: 해양수산부, 2006.

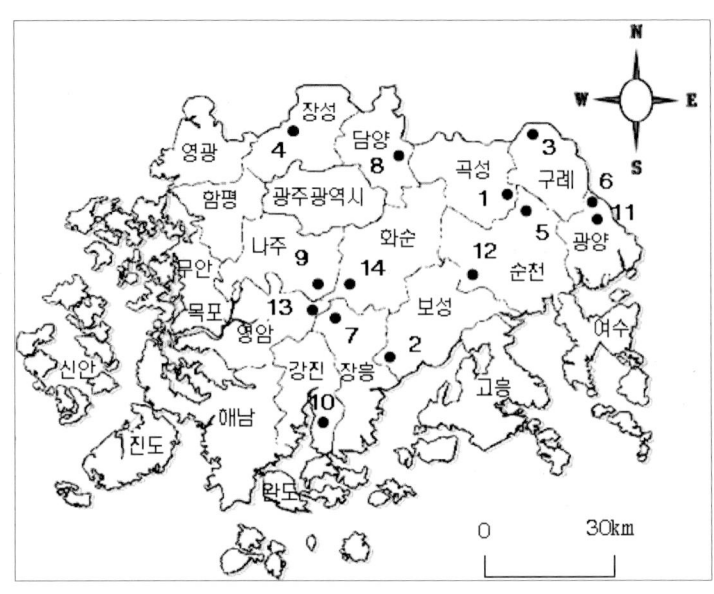

〈그림 2-13〉 산촌 생태마을 전남 분포 현황

산림청의 산촌 생태마을은 어촌관광기반 시설 조성, 체험 프로그램 개발, 휴식공간 조성 등의 기반구축 사업과 어촌관광리더와 전문가이드 육성을 사업의 주요 추진방향으로 하고 있다. 어촌 체험마을은 2013년까지 총 112개 마을을 조성할 계획인데 2006년 말 현재 76개 마을이 조성되었으며, 2006년까지 조성 완료된 전남권 어촌 체험마을은 2001년 1개 마을, 2002년 1개 마을, 2003년 2개 마을, 2004년 3개 마을, 2005년 5개 마을, 2006년 8개 마을로 총 20개 마을(전체의 26.3%)이 선정·조성되었다〈표 2-16〉 참조).

〈표 2-16〉 산촌 생태마을 전남 선정 현황

구 분	전 체	선정 마을	
1995~2002	7	곡성군 죽곡면 원달마을	1
		보성군 웅치면 대산마을	2
		구례군 산동면 위안마을	3
		장성군 서삼면 모암마을	4
		순천시 황전면 덕림마을	5
		광양시 다압면 금천마을	6
		장흥군 유치면 신월마을	7

구 분	전 체	선정 마을	
2003	4	담양군 창평면 외동마을	8
		나주시 다도면 방산마을	9
		강진군 대구면 용운마을	10
		광양시 진상면 비촌마을	11
2004	1	순천시 외서면 신덕마을	12
2005	1	영암군 금정면 아천마을	13
2006	1	화순군 도암면 봉하마을	14
합 계		14	

자료: 산림청. 2006.

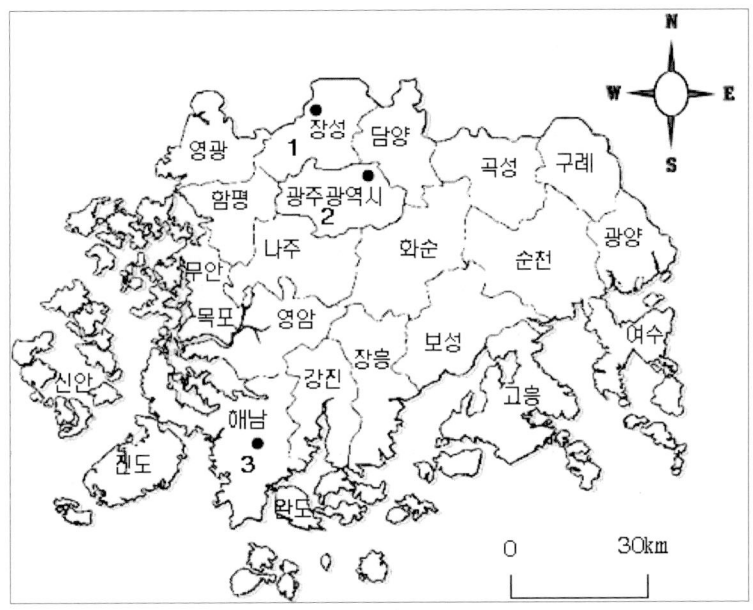

〈그림 2-14〉 아름마을 광주·전남 분포 현황

　　행정자치부에서 추진했던 아름마을은 양팔을 펼쳐 껴안은 둘레를 뜻하는 순우리말로서 풍요와 공동체적인 삶이 살아 있는 농촌마을을 지향하며, 아름다운 농촌도 아울러 의미한다. 아름마을 가꾸기 사업에 선정된 광주·전남 3개 마을은 아래와 같다. 아름마을 가꾸기 사업은 2005년부터 특별교부세 폐지로 재원확보에 어려움이 있어 신규 사업 추진이 중단되었다(〈표 2-17〉 참조).

<표 2-17> 아름마을 광주·전남 선정 현황

구 분	전 체	선정 마을	
2001	1	장성군 북일면 금곡 영화마을	1
2002	2	광주시 북구 금곡동 금곡마을	2
		해남군 해남읍 연동마을	3
합계		3	

자료: 행정자치부, 2003.

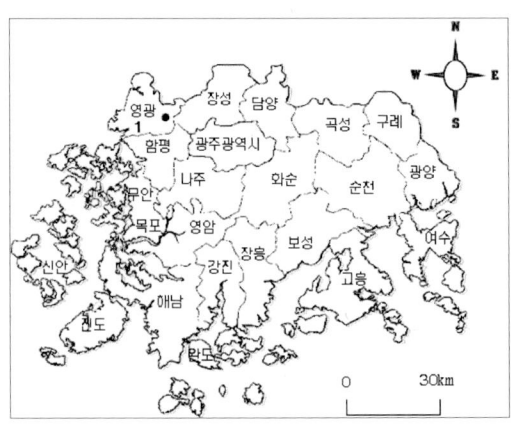

<그림 2-15> 문화역사마을 전남 분포 현황

문화관광부에서 추진하고 있는 문화·역사마을 가꾸기 사업은 2004년~ 2009년까지 마을의 문화·역사적 소재를 발굴·육성, 관광자원화하여 문화와 환경이 아름답게 조화된 자생력 있는 마을로 조성하기 위하여 1개 마을당 30억 원(기금 20억 원/지방비 10억 원)이 투입되는 사업으로 전국 9개도를 대상으로 각 도에 1개 마을 조성을 원칙으로 하고 있다. 2005년 현재 7개도 10개 마을이 선정되었으며, 전남은 영광군 묘량면 삼효리 효동마을이 선정·조성되었다(<표 2-18> 참조).

<표 2-18> 문화역사마을 전남 선정 현황

구 분	전 체	선정 마을	
2005	1	영광군 묘량면 삼효리 효동마을	1
합 계		1	

자료: 문화관광부, 2006.

4

소　결

　　본 장에서는 이론적 배경과 연구동향으로서 크게 그린투어리즘과 농촌관광마을의 특징, 농촌관광마을과 주민참여 연구동향, 우리나라 농촌관광마을 추진사업의 전개에 대해 고찰하였다.

　　먼저, 그린투어리즘과 농촌관광마을의 특징을 살펴보면, 기존의 매스투어리즘 중심의 관광에서 벗어나 사회환경과 관광환경의 변화에 의해 80년대 후반부터 문화관광, 유산관광, 모험관광, 생태관광, 녹색관광 등 다양한 유형의 대안관광이 등장했다. 아름다운 전원에서 여유롭게 조용한 휴가를 보내고 싶다는 사람들이 점점 늘어나게 되었고 이러한 희망에 대응하는 것이 '그린투어리즘'이다.

　　농촌공간에 대한 사회적 수요의 변화와 농업활동의 분화 측면을 살펴보면, 농업활동의 이원화와 서비스농업의 대두로 선진국에서는 농업활동의 외연이 서비스 생산 분야로 확장되고 있다. 또한 가치교환의 장이 현재는 도시에서 이루어지고 있다면, 향후는 농촌지역이 될 것이라는 전망이다. 그린투어리즘으로서 농촌관광은 농촌이나 산촌의 있는 그대로의 모습을 활용한 관광으로 농촌이나 산촌의 주민들이 서비스의 주체가 되고, 농촌이나 산촌이 가지고 있는 다양한 자원이나 생활문화를 살려서 도시 주민을 받아들이는 한편, 도시민 입장에서는, 농가가 운영하는 민박에 머물러 농촌이나 산촌의 자연이나 일상생활을 직접 체험하고, 농촌이나 산촌주민과의 교류를 도모하면서 느긋하게 그곳에 체재하며 심신의 활력을 회복하려는 여가활동이다.

농촌관광시장의 발전단계와 우리나라의 전망을 살펴보면, 일반적으로 농촌관광은 시장형성기, 양적 성장기, 질적 발전기 등 세 단계의 시장 발전과정을 거치고 있다. 우리나라는 시장형성 초기단계에서 주 5일 근무제 등이 정착되는 시점을 전후하여 양적 성장기를 맞게 될 전망이다. 한편 우리나라 농촌관광은 여타 산업부문의 발전과정이 경험한 것처럼 시장형성 초기단계와 양적 성장기, 질적 발전기가 압축과정을 거치면서 상호 혼재된 형태로 발전할 전망이다.

농촌관광마을의 특징을 살펴보면, 농촌관광마을의 개념은 도시민에게는 휴식·휴양·체험을 제공하고 농산촌에는 소득기회를 제공하여 지역 활성화에 기여하는 것을 목적으로 정부 주도의 농촌관광 관련 시범사업이 추진되고 있는 마을이다. 농촌관광마을의 유형은 추진 주체, 장소, 소득상품에 따라 다양하게 분류할 수 있는데 본서의 사례마을인 신촌마을은 '주민주도형＋산촌 산림형＋음식물 판매형'이 복합된 마을 형태이고, 진목마을은 '민관 협동형＋농촌 농지형＋농산물 판매형'이 복합된 마을 유형이다. 농촌관광마을의 특징은 마을 단위 대상사업, 주민협력의 중요성, 다양한 체험 프로그램, 농촌자원의 활용, 주민의 자발적 참여 유도, 테마 중심의 개발, 정책연계의 필요성 등이 있다. 농촌관광마을의 관련 주체와 그 역할은 마을 주민, 연구기관, 지방자치단체, 여행사, 방문객, 도농교류 조직 등이 있고 이들이 협력하는 시스템이 구축되어야 한다.

농촌관광마을과 주민참여 연구동향을 살펴보면, 농촌관광은 크게 수요자 측면과 공급자 측면에서 연구가 진행되었는데, 수요자 측면에서의 연구는 농촌관광에 대한 도시민의 인지와 선호를 설문조사를 통해 분석함으로써 공급자와 공공부문에 시사점을 제공했다는 점에 의의가 있다. 농촌관광마을에 관한 연구는 주민과 추진 주체의 특성에 관한 연구와 농촌관광 사업 추진특성에 관한 연구가 다양하게 진행되었는데, 국지적인 사례연구만으로는 농촌관광 전반에 걸친 일반화에 한계가 있으며 연구의 대부분이 여러 가지 요인에 따른 주민참여 의식의 변화과정을 고찰하지 못했다는 한계가 있다. 주민참여의 연구동향을 종합해 보면, 주민참여는 의사결정 과정, 수익창출 과정, 주민교육 과정을 통한 주민의 자발적 행동으로 정의할 수 있는데, 마을 발전을 위해서는 마을지도자의 선도와 주민의 적극적 참여, 주민소득 증대가 중요하며, 도시와 농촌의 교류를 통한 네트워크의 형성과 연결망을 통해 지속적인 발전을 기대할 수 있다. 또한 마을계획은 주민참여형 계획모델을 정립할 필요가 있으며, 마을 주민과 마을자원, 방문자가 서로 조화를 이뤄야 한다. 주민참여를 이끌어 내기 위해서는 회의기법을 적극 도입하고, 계획가와 사업담당자가 갈등양상별 해결 스킬을 익히도록 해야 하며, 장기적인 전망을 가지고 자기가 사는 지역을 보다 풍요롭게 쾌적하게 만들기 위해 참여하는 가치적 참여의 확대가 필요하다.

우리나라 농촌관광마을 추진사업의 전개를 살펴보면, 우리나라 농촌개발의 지역적 단위는 1980년대 시·군(농촌종합 개발 등)에서 1990년대 읍·면(정주권 개발 등), 2000년대 마을(녹색농촌체험 시범마을 등)로 변화하고 있는 추세이다. 2000년대에 나타난 중앙부처의 관광 관련 정책들은 80~90년대의 농외소득 증대와 농촌지역 활성화를 위한 도농교류 사업의 규모가 확대되고, 다양한 방식으로 확산된 결과이다. 농촌의 활성화와 여가 확대에 대응하기 위하여 농촌관광마을 육성 정책에 의해 도입된 농촌관광마을은 농림부, 행정자치부, 해양수산부, 문화관광부, 농촌진흥청, 산림청 등 정부 각 부처에서 경쟁적으로 추진하고 있다. 광주·전남의 농촌관광마을은 2006년 현재 총 66개 마을로서 전국 418개 마을 대비 15.8%를 점하고 있다. 구체적으로 보면, 아름마을 13.0%(3/23), 녹색농촌 체험마을 13.0%(16/123), 농촌전통 테마마을 18.2%(12/66), 산촌 생태마을 10.1%(14/138), 어촌 체험마을 34.5%(20/58), 문화역사마을 10.0%(1/10)로 어촌 체험마을의 비중이 상대적으로 높은 것으로 나타났다.

광양시 봉강면 신촌마을의 사례분석

마을의 자원과
농촌관광마을 만들기 과정

1

1. 마을의 현황

1) 마을의 입지와 자연환경

신촌마을은 전라남도 광양시 봉강면 신룡리에 있는 마을로서 봉강면의 최북단에 위치하며, 서쪽은 전라남도 순천시와 북쪽은 전라남도 구례군과 접하고 있다. 남해고속도로 광양톨게이트로부터 10분이면 접근이 가능하고 광양-구례 간 865번 지방도로가 2007년 완공되면 마을로의 접근성이 획기적으로 개선될 예정이다. 주요 관광시장과의 거리를 살펴보면, 광주광역시와는 약 80㎞, 부산광역시와는 약 170㎞, 서울특별시와는 약 430㎞ 정도 떨어져 있다.

〈표 3-1〉 광양시 봉강면 신촌마을~주요 도시와의 거리 및 시간

세력권	거리(㎞)	시간(h)	주요도시
직 접 영향권	50	1	순천, 여수, 구례, 보성, 고흥, 곡성, 남원, 하동, 진주, 사천, 산청, 함양
1 차 세력권	100	2	광주, 화순, 담양, 장성, 나주, 영암, 장진, 장흥, 고창, 정읍, 전주, 익산, 김제, 순창, 무주, 진안, 장수, 거창, 고성, 합천, 의령, 함안, 마산
2 차 세력권	150	3	목포, 완도, 진도, 해남, 부산, 밀양, 양산, 김해, 대전, 논산, 군산, 대구, 구미, 김천, 경산

신촌마을을 포함한 광양시의 공간적 위치는 직선거리로 반경 25㎞ 내에 순천시와 여수시를 비롯하여 구례군과 하동군이 위치해 있으며, 50㎞ 내에는 이들 도시를 포함하여 보성군, 화순군, 고흥군, 곡성군, 남원시, 그리고 경남의 진주시, 사천시, 산청·함양군 등이 위치하고 있다. 관광권역상으로는 5대권 중 서남관광권에 속하며, 24개발소권 중에서는 남다도해권에 위치하고 있어 동남관광권의 한려해상권과 연접해 있다.

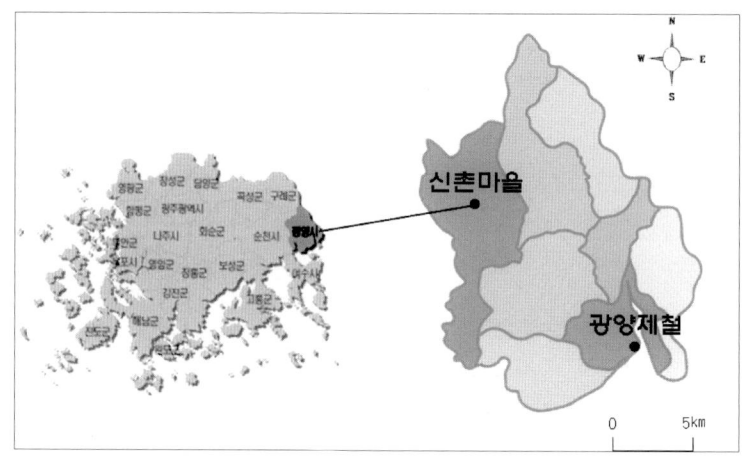

〈그림 3-1〉 신촌마을 위치

　　백운산 도솔봉에서 월출봉으로 이어지는 호남정맥의 남쪽으로 두 개의 큰 골짜기가 해안까지 길게 형성되어 있다. 그중 한 골짜기가 신촌마을을 지나 광양시로 이어지고 있는데 북쪽에서 남쪽으로 이어지는 이 직선상의 골짜기 중간에 가장 넓은 분지지형이 발달하여 있는데 이곳에 신촌마을이 위치하여 있다. 마을의 중심은 백운산 억불봉(속칭 바구산)의 주령 산록부에 자리 잡고 있으며 해발고도는 350~400m이다. 신촌마을이 입지한 분지저지형은 평탄하지만 백운산 쪽으로 완만하게 상승하는 형상이다. 신촌마을의 기후는 여름철 기온이 평지보다 낮은 편[17]이다.

────────────────

17) 해발고도 100m에 약 0.6도씩 기온이 낮아지므로 신촌마을은 1.5~2도 정도 온도가 낮을 것으로 판단된다. 그리고 산지지역이기 때문에 강수량도 다소 증가할 수 있다.

마을 주변에 백운산 성불계곡과 질매재 골짜기가 위치하고 있어 아름다운 산세와 더불어 맑은 물과 수려한 경관을 보이고 있으며 그 밖에 고로쇠나무, 매실, 복숭아, 자두, 감나무, 밤나무, 배나무 등의 과수를 단지별로 재배하고 있고 녹차, 두릅, 취, 고사리 등 각종 산나물이 풍부하게 분포하고 있으며 마을 앞 봉강천에는 개구리, 맹꽁이, 가재 등을 비롯해 피리, 쏘가리, 메기 등의 다양한 어종이 관찰되고 있다.

〈그림 3-2〉 신촌마을 전경

2) 마을의 인문환경

(1) 마을의 역사와 인구

1480년경 전(全)씨 성을 가진 사람들이 처음 정착하여 마을을 형성하였으며 백운산 억불봉(속칭 바구산) 주령 자락에 위치하며 예부터 약초와 띠풀이 많다고 하여 띠밭골(질매재)로 불리어 오다, 그 후 신기촌(莘基村)이라 하였는데 최근에 기(基) 자를 생략하고 신촌(莘村)이라 한다. 강희보(형)·강희열(동생) 형제 장군이 1560년경에 마을 북쪽 대모퉁이에서 태어났으며 선조 25년(1592년) 임진왜란 당시 의병을 일으켜 큰 전공을 세우고 장렬히 전사하였으며, 신촌마을 뒷산 기슭에 묘소와 묘비가 위치하고 있으며 '98년 동재, 서재 삼눈 등을 신축하고 사당과 관리사를 이축하였다.

마을의 인구는 70년대 초반까지만 해도 마을에는 80호 정도가 거주하였으나, 지속적인 이농현상으로 인구가 꾸준히 감소하다 최근 정체 상태를 보이고 있다. 마을의 현재 총인구는 158명이고, 가구 총수는 46호이다. 총인구 중 남자는 80명, 여자는 78명으로 성비는 거의 1:1 상태를 이루고 있으며 가구 총수 46호 중 농가는 35호이며, 비농가는 11호이다.

〈표 3-2〉 마을 인구 현황(2005년)

구 분	인 구(명)	
	남	여
	80	78
합 계	158	

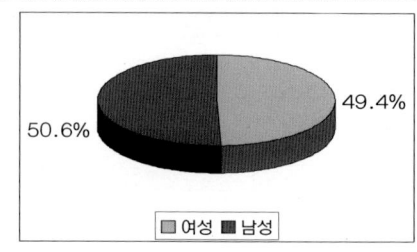

자료: 광양시 봉강면사무소, 2005.

상주인구를 기준으로 65세 이상이 전체 158명 중 60명으로 노령화가 심화된 상태임을 알 수 있다. 취학아동은 4명에 불과하며, 30~40대는 15명으로서 이들이 사업을 주도적으로 이끌어 가야 한다. 녹색농촌 체험마을에 선정된 후 마을에 전입하기를 희망하는 이들이 상당수 있으며, 이들 가구의 연령대는 30~40대의 젊은층이라는 면에서 마을 발전을 기대할 수 있다.

주민의 마을 거주 연수를 보면, '31년 이상' 거주자가 64.1%(25명)로 가장 많은 것으로 나타났으며, '태어나서부터'는 25.6%(10명)로 나타나 전형적인 농촌거주형태를 보이고 있다.

〈표 3-3〉 주민의 마을 거주 연수(2005년)

구 분	빈도(명)	구성비(%)
태어나서부터	10	25.7
5년 미만	2	5.1
5~10년	0	0.0
11~20년	2	5.1
21~30년	0	0.0
31년 이상	25	64.1

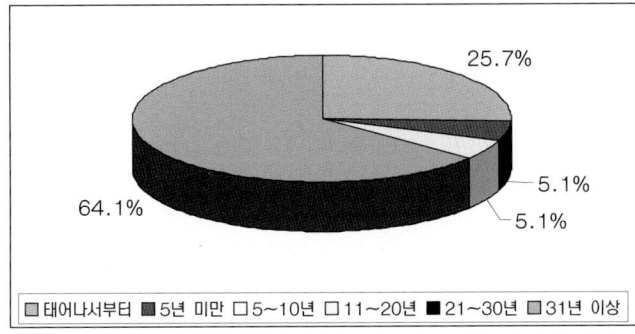

자료: 주민 설문조사

(2) 주민의 생업

마을 내 가구 중 농가가 76%로 주산업은 농업이라고 할 수 있으며, 신촌 마을의 경지면적은 약 39.8ha로 논농사가 더 많은 비중을 차지하고 있다.

〈표 3-4〉 마을 내 농가 · 비농가 현황(2005년)

구 분	가구수(%)	
	농 가	비농가
	35(76.1)	11(23.9)
합 계	46(100)	

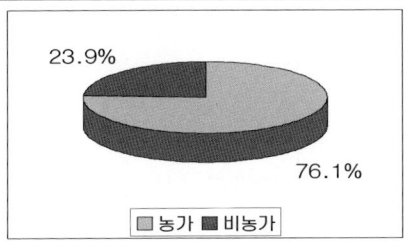

자료: 광양시 봉강면사무소. 2005.

신촌마을의 주요 재배 과수는 배, 단감, 매실, 밤 등이며 사슴, 흑염소, 한우, 닭 등 축산도 활발한 모습을 보이고 있다. 특히 배 생산은 배 작목반 봉강면 전체 30가구 중 15가구가 신촌마을에 소재할 정도로 활기를 띠고 있다. 축산 농가는 소 30두 이상 키우는 농가가 4가구이며, 가구별로 1～2마리는 키우고 있다.

　　신촌마을에서 생산된 농산물은 대체로 산지수집상이나 농협 등을 통해 판매되며, 배즙을 가공하여 마을을 찾아온 방문객에게 판매하기도 한다. 신촌마을에서 재배한 옻나무와 토종닭을 재료로 만든 옻닭백숙은 건강에 관심이 높은 도시 방문객에게 건강에 좋은 음식으로 선호되고 있다. 배는 대부분 청과상에 입찰을 통해 판매하고 일부는 개별 농가가 직접 판매하고 있다.

〈표 3-5〉 신촌마을의 농지 총면적(2005년)

구 분	면 적(ha)	비 중(%)
논	26	65.3
밭	13.8	34.7
총 농지면적	39.8	100.0

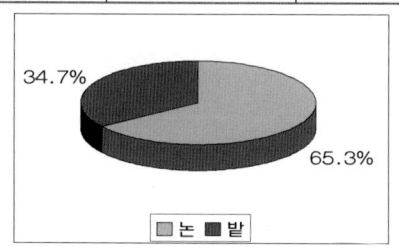

자료: 광양시 봉강면사무소, 2005.

　　한편 백운산 주변에서 자연발생적으로 자라난 산나물과 가정에서 직접 재배한 농산물을 채취하여 판매함으로써 소득을 올리고 있다. 백운산에서 채취한 고사리, 취나물, 두릅, 일부 한약재 등 임산물을 간단히 손질하여 방문객에게 판매하고 있으나 농경지에서 집단적으로 재배하거나 포장 및 상표 등 마을 단위의 체계적인 상품 관리는 이루어지지 않고 있다.

　　또한 마을 내 15가구가 배 작목반으로 배즙을 제조 및 판매하고 있으며 백운산 등산객과 마을 방문객을 상대로 민박 및 음식 판매도 이루어지고 있다. 음식은 토종옻닭백숙, 염소 불고기, 용봉탕, 두충 먹인 닭요리, 손두부, 도토리묵, 감장아찌, 감고추장, 매실장아찌 등을 판매하고 있다.

〈표 3-6〉 주민의 연간 소득(2005년)

구 분	빈도(명)	구성비(%)
500만 원 미만	32	82.1
3,000만 원 이상	7	17.9

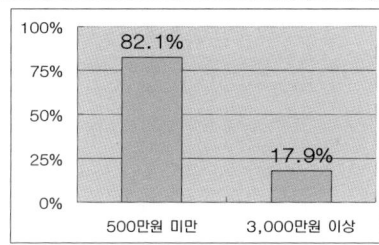

자료: 주민 설문조사

가구의 소득을 볼 때 주민조사에 의하면 가구당 평균 소득은 연간 930만 원으로 나타났다. 연소득 500만 원 미만인 가구가 32명(82.1%)이고 3,000만 원 이상인 가구가 7명(17.9%)으로 나타나 소득 격차가 큼을 알 수 있다. 특히 3,000만 원 이상이라고 응답한 가구는 축산을 겸하는 가구로 나타났다.

(3) 주민의 정주 여건

대부분 주택은 1970년대 근대화 무렵 건축된 낡고 초라한 건물인데 주민의 주택 만족도는 응답자의 2.6%만이 불만족한다고 응답하여, 주택에 대한 만족도가 대체적으로 높은 편임을 알 수 있다(〈표 3-7〉 참조).

〈표 3-7〉 주택에 대한 만족도

현 주택 만족도	비 중(%)
만족한다	48.7
보통이다	48.7
불만족한다	2.6

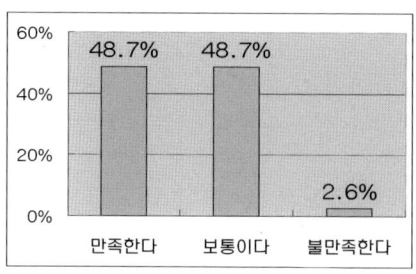

자료: 주민 설문조사

　한편 마을 내에 흉물스럽게 방치되고 있던 공폐가 3개 동은 더 나은 마을 경관 조성과 밝은 마을 이미지 조성을 위해 올해 안에 철거를 계획 중인데 주민들이 주택 소유자에게 전화·방문 등을 통해 철거를 권유하였고, 주택 소유자의 동의하에 시의 빈집 정비 사업의 사업비를 가지고 철거할 계획이다.

〈그림 3-3〉 마을에 새로 지어진 주택

상하수도는 상수원으로부터 안정적으로 용수를 공급받음으로써 물 부족 문제 등 용수원 확보 문제는 어려움이 없다. 마을 주 진입로인 마을 안길은 콘크리트 포장이 완료된 상태이나 노폭은 좁고 보·차도 분리가 되어 있지 않다. 윗마을 주민은 특히 겨울철 노면이 미끄러워 차량 통행 및 보행이 불편하므로 시멘트 포장이 된 도로를 아스콘으로 재포장하기를 희망하고 있다.

〈그림 3-4〉 포장된 마을 진입로

마을 주민의 생활권은 대체로 광양시이며, 신촌마을을 경유하는 대중교통 수단은 시내버스 20번이 첫차 05:30, 막차 21:00로 하루 17회 운행하고 있다. 주민들이 광양시내 및 외부로 이동하는 횟수는 1주 1회 정도가 53.8%로 가장 많고, 1주 5회 이상 거의 매일이 17.9%로 나타났디(〈표 3-8〉 참조).

<표 3-8> 주민의 광양 시내나 외부 이동 횟수(1주 기준)

구 분	빈도(명)	구성비(%)
1회	21	53.8
2회~3회	6	15.3
3회~5회	5	12.8
5회 이상 거의 매일	7	17.9

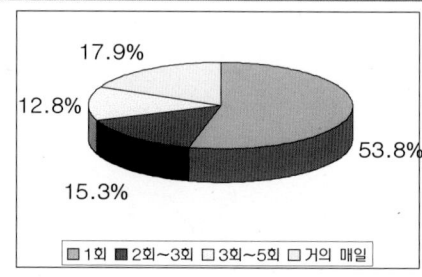

자료: 주민 설문조사

마을 주민의 대부분은 시내버스를 이용하는 것으로 설문조사 결과 나타나 시내버스가 주요한 교통수단임을 알 수 있다.

<표 3-9> 주민의 광양 시내나 외부 이동 시 교통수단

구 분	빈도(명)	구성비(%)
시내버스	29	74.3
자가용	8	20.5
마을 주민 차 동승	1	2.6
기타	1	2.6

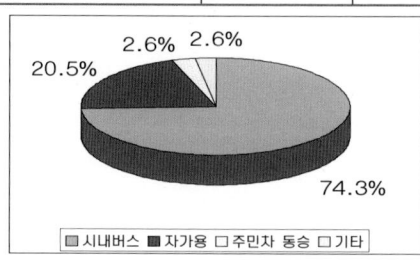

자료: 주민 설문조사

한편 광양시나 국도에서 마을에 접근하는 데 있어 도로 안내판에 신촌마을로 향하는 길은 표시되어 있지 않아 이 지역 사람들이 아니면 마을을 찾아오기가 어렵게 되어 있다.

〈그림 3-5〉 신촌마을 진입도로의 안내판 현황

마을 주민이 함께 모일 수 있는 커뮤니티 시설이 부족한 실정인데 최근에
건축된 마을회관이 있으나 전체 주민이 모일 때나 대규모의 마을행사 시에
는 비좁은 실정이다. 농산물 판매장은 약 5평 정도의 규모에 1칸의 시설로
현재는 창고용도로 활용하는 상태이고 농산물 판매장 앞 주차장은 승용차
동시 주차 10여 대 정도를 할 수 있는 규모이다.

3) 주민조직과 주민역량

신촌마을 내에는 마을총회, 마을개발위원회, 새마을부녀회, 청년회 등의
조직이 있으며, 녹색농촌 체험마을 사업을 계기로 '의병장녹색농촌체험마을
추진위원회(이하 의녹협)'가 8명으로 새롭게 구성되었다. 또한 15가구로 배
작목반이 구성되어 있어 유통·판매 등 활발한 활동을 보이고 있으며 주민

조직의 활동은 그다지 특별한 것은 없으나 특정 사안에 대해서 주민 모두가 수시로 모여 이야기하는 형식이다.

마을 조직에서 직책 경험을 묻는 질문에 25.6%(10명)가 각종 직책을 경험한 것으로 나타났으며, 74.4%(29명)는 직책 경험이 없는 것으로 나타났다(〈표 3 - 10〉 참조). 마을총회는 1년에 1회씩 개최하였으나, 녹색농촌 체험마을 사업 대상마을 선정 이후로는 안건이 있을 때마다 수시로 개최하여 마을 일을 의논하고 있으며, 마을 청소, 꽃 식재, 돌담 쌓기, 빈집 철거 등 마을 주민 전체가 참여할 만한 일에는 수시로 공동 부역을 하고 있다.

〈표 3 - 10〉 마을 조직에서 직책 경험 여부

구 분	빈도(명)	구성비(%)
마을 이장	4	10.3
새마을회장	1	2.6
작목반장	1	2.6
부녀회장	2	5.1
청년회장	1	2.6
친목계 등 회장	0	0
기타	1	2.6
맡은 적 없다	29	74.4

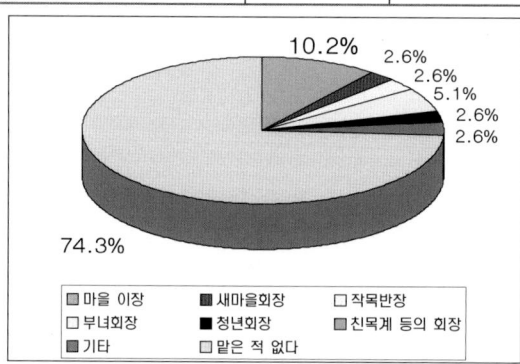

자료: 주민 설문조사

마을 내 주민조직 중 가장 영향력이 큰 모임은 마을총회이며, 가장 영향력이 큰 사람은 마을 이장이다. 이장이 의녹협의 위원장도 겸임하고 있는데 신촌마을 이장은 매실작목반 대표자이며, 마을발전을 위해 남다른 열정을 가지고 있는 사람으로 농촌관광과 관련한 각종 지도자 교육 과정과 워크숍을 수료하는 등 남다른 활동을 펼치고 있으며, 주민의 신뢰도 두텁다. 앞으로 40대의 젊은 1~2인이 마을리더로 부각할 가능성을 갖고 있는데 주민중 2~3은 마을의 역사와 생태 등에 대해 지식이 풍부하고 설명력도 풍부하여, 마을에서 체험 프로그램 등을 추진하는 데 참여 역량이 있다.

2. 마을의 자원

1) 마을 홈페이지

마을 홈페이지(http://www.farmtour.co.kr)는 크게 의병장 소개, 의병장 체험, 의병장 관광정보, 민박 소개, 의병장 장터, 마을 사랑방의 6개 메뉴로 구성되었다(〈표 3-11〉 참조). 대체적으로 마을을 홍보하는 기능에 치중되어 있고 마을 특산품의 판매나 체험 프로그램과 민박의 예약 등의 기능은 제한적인 상황이다.

더불어 마을 홈페이지의 활성화를 위한 주민 간 커뮤니케이션과 근본적으로 마을 홈페이지의 유지 및 관리를 위한 전담인력이 없는 상황이어서 문제점으로 대두되고 있다. 사업 초기 홍보담당자에게 홈페이지 관리에 따른 교육이 시행되었으나, 이후 자체적인 노력이 뒤따르지 않아 한계가 있어 보인다.

〈표 3-11〉 마을 홈페이지 메뉴 구성

메 뉴	세부 콘텐츠
의병장 소개	인사말, 마을 소개, 마을 역사, 마을 일정표, 찾아오시는 길
의병장 체험	체험 소개, 체험 일정, 체험 신청, 체험 신청 확인
의병장 관광정보	조감도, 마을 사진첩, 주변 볼거리
민박 소개	민박 소개, 예약 확인, 예약 문의
의병장 장터	특산물, 주문하기, 주문 및 배송 안내
마을 사랑방	마을 소식, 질문하기, 체험 후기

자료: 신촌마을 홈페이지(http://www.farmtour.co.kr) 2007.

〈그림 3-6〉 마을 홈페이지(http://www.farmtour.co.kr)

　　마을 캐릭터는 형제의병장을 애니메이션화하였으며, 마을의 특산품인 배가 최고라는 특징을 표현하였다. 민박 표지판은 마을 캐릭터를 삽입하고 민박집의 최소정보만을 심플하게 담았다.

　　광양 학생의 집은 신촌마을에서 도보로 5분 거리에 위치하며 현재 전남도내에서 운영되고 있는 20개 학생의 집 중 하나이다. 학생들을 유치하여 마을에서 각종 체험 프로그램을 경험하고 형제의병장사당 등 주변 유적지 순례와 광양 컨테이너 부두 등 산업체 견학으로 이어지는 연계프로그램을 운영할 수 있다. 학생의 집은 학생수련 및 청소년 단체활동 활성화와 교직원 수련 등 광양교육청과 신촌마을 간에 연계하여 다양한 특성화프로그램을 개발 활용할 필요가 있으며, 광양 학생의 집 운영 홍보 프로그램에 신촌마을을 적극 홍보하도록 한다(예: 홈페이지, 안내장 발송 등).

▲ 마을 캐릭터와 민박 표지판

▲ 광양 학생의 집

▲ 형제의병장 우물

〈그림 3-7〉 마을의 자원 Ⅰ

형제의병장 우물은 형제의병장이 생전에 마셨다는 우물이며, 현재는 방치되어 있는 상태이나 수질상태가 양호하여 수질검사를 시행할 필요가 있으며 주변 환경 정비와 우물 정화, 안내판 설치가 필요하다. 또한 생태 탐방로를 따라 가면서 볼 수 있도록 탐방로 동선을 유도한다.

마을 도서관은 마을 방문객에게 도서를 대여해 주고 소규모 인원 세미나, 회의 시 활용할 수 있으며 분기별로 한 번씩 도서를 바꿔 주고 있으며, 장서는 3,000권, 수용인원은 30명 정도이다. 마을 창고는 새 마을 사업으로 지어진 창고 건물로서 마을 입구에 흉물스럽게 위치하고 있어 전체적인 마을 어메니티(amenity)[18]를 훼손하고 있는 상태였다. 그러나 전문가와 주민회의를 거쳐서 천정고를 낮추고 준비실, 주방, 화장실 등을 설치하여 다목적 체험장으로 리모델링하였다. 리모델링을 완료해 각종 회의 기자재를 준비해서 단체 회의 및 단체 농촌체험행사를 갖기에 적합한 환경을 구축했다.

마을 앞에는 1982년 보호수로 지정된 수령 250년 된 느티나무가 있으며, 나무둘레는 3.8m, 높이는 14m에 이른다. 주위에 있는 정자, 쉼터와 함께 시원한 그늘을 제공해 주며 마을의 그린어메니티를 한층 부각시키고 있다.

마을 입구에 설치된 마을 종합안내도는 외지 방문객들에게 마을 자원의 위치와 체험코스를 한눈에 파악할 수 있도록 도와주고 있다. 쉼터는 마을사람들의 나눔과 교류의 장소로 이용되고 있으며 마을을 비롯해 주변을 전체적으로 조망할 수 있는 곳이다.

▲ 마을 도서관

▲ 마을 창고 리모델링 전·후 모습

〈그림 3-8〉 마을의 자원 Ⅱ

---

18) 어메니티(Amenity)란 단어는 번역어만 80여 개에 달할 정도로 매우 광범위하게 쓰이고 있는데, 라틴어로 '친근하다' 또는 '쾌적하다'라는 뜻을 가지고 있으며 종종 '쾌적성'이라는 우리말로 풀이되기도 하나 약간의 뉘앙스 차이가 있어 원어 그대로 쓰는 것이 관행이 되어 가고 있다. 농촌 어메니티란 농촌 공간에 존재하는, 우리에게 '친근감'을 주는 모든 소재들을 통틀어 일컫는 말이며, 나아가 농촌 공간에 존재하는 '친근하고 쾌적한 소재들'로 인해 그곳을 찾는 사람들이 만족스러움과 즐거움을 얻을 수 있는 모든 것을 말한다.

▲ 마을 앞 보호수

▲ 마을 종합안내도와 쉼터

▲ 강희보·강희열 형제의병장사당

▲ 백운저수지

〈그림 3-9〉 마을의 자원 Ⅲ

강희보·강희열 형제의병장은 광양이 낳은 충렬(忠烈)의 인물로 형제의병
장사당은 산 교육장으로서 학생과 성인 등 마을 방문객의 이해를 돕는 해설
프로그램을 계획하고 있다. 의병장 강희보·강희열 형제는 1560년대에 봉강
면 신촌마을에서 강천상의 아들로 태어났으며 선조 25년(1592), 임진왜란이
일어나자 의병을 일으켜 단성(丹城: 지금의 경상남도 산청군)에서 왜군과 싸
웠다. 이듬해인 1593년 6월, 왜군이 10만의 병력으로 진주성(晋州城)을 공
격하여 성이 고립무원에 이르자 형 희보는 창의사 김천일과 진주성에 함께
입성하였으며 당시 조방장(助防將)으로 구례 석주관(石柱關)을 지키던 아우
희열 역시 급보를 받고 수성군(守城軍)에 합류하였다. 제2차 진주성 전투는
1만여 수성군이 10만 대군의 왜군을 맞아 6월 21일부터 29일까지 치열한
공방전을 벌였던 싸움으로, 형제는 수성군의 부장과 전투대장으로서 앞장서
싸우던 중 형 희보는 27일에, 아우 희열은 29일에 장렬히 전사하였다. 이후
선조 40년(1607)에 형제는 진주 창열사에 배향되었으며, 영조 16년(1740)에
강희보는 호조좌랑(정6품)에, 강희열은 병조참의(정3품)에 추증되었으며
1971년 사우 뒤편 능선에 자리한 묘역을 개수하였고, 1988년 쌍의사를 건
립하였으며, 1999년 사우를 중건하여 면모를 갖추게 되었다.

백운저수지는 광양지방의 으뜸가는 낚시터로 붕어, 잉어, 자라, 메기 등이
많으며, 수상스키장으로도 각광받으며 춘하추동 4계절 각종 철새가 도래해
서식하기도 하여 연간 2,000여 명의 관광객이 내방하고 있다.

3. 마을의 잠재력과 관광마을 만들기 과정

신촌마을은 농촌관광마을로서 여러 가지 잠재력을 보유하고 있다. 이를
네 가지 측면에서 살펴보고자 한다. 먼저 신촌마을의 강점은 백운산을 왕래
하는 등산객이 지나는 마을이고 체험 프로그램 등에 활용할 만한 자원을 어
느 정도 보유하고 있으며, 선호농업인이 있다. 또한 수질이 양호하고 수량이

풍부한 봉강천이 마을 앞을 흐르고 있고 도농교류 프로그램이 운영 중이다. 그리고 대체로 마을 주민들의 단합이 잘되는 편이며 친환경농업의 실천과 함께 배, 한방 배즙 등 마을 특산품을 보유하고 있다.

반면, 마을의 약점은 행정 등의 관광지원 기반이 부족하고 연계성이 약하다. 또한 마을사람들이 참여할 관광프로그램이 많지 않은 실정이다. 그리고 외부 지원 사업이 마을 주민의 복지와 생활의 편리와 괴리되기 쉬운 여지가 있으며, 마을내부 공동 공간·복지 공간이 부족한 실정이다.

기회 측면을 보면, 최근 들어 웰빙트렌드로 통한 건강에 대한 관심과 생태관광과 녹색관광, 농촌관광에 대한 인지도가 증대되고 있는 상황이다. 그리고 녹색농촌 체험마을 시범사업을 계기로 외부의 전폭적 지원과 관심이 증대되고 있다. 백운산을 방문하는 관광객 수의 꾸준한 증가 추세와 함께 865번 지방도의 2007년 개통은 마을로의 접근을 쉽게 할 것이다. 관에 인지도가 높아져 연관 사업의 지원이 유리하게 되고 마을 인근에 다양한 문화재와 관광자원이 풍부하다.

마지막으로 위협 측면을 살펴보면, 도선국사 마을 등과 같은 유사사업을 하고 있는 마을과 경쟁관계에 놓일 것이고 관주도 각종 지원 사업으로 마을의 정체성에 위협을 받을 수 있다.

이러한 다양한 마을의 잠재력과 농촌관광마을을 통해 잘살아 보겠다는 마을 주민들의 의지가 모여 2004년 1월 '녹색농촌체험 시범마을 사업 실시를 위한 주민 총회'에서 녹색농촌체험 시범마을 사업 유치 결정 및 가구별 실시사업 계획을 발표하였다. 여기서 주로 논의된 사항은 이 사업의 목적은 농촌의 자연, 문화적 환경을 보존하고 이를 바탕으로 도시민들에게 건전한 휴식과 체험, 방문을 제공할 수 있도록 하여 궁극적으로 소득 증대와 마을 발전을 도모코자 함이다. 대상마을로 선정될 경우 국비와 지방비 보조금을 합하여 2억 원이 지원되고 이 지원금을 마을환경정비, 사업기반시설, 기타 체험관광시설 등에 투자되어 마을발전에 큰 도움이 될 것이라는 점이다. 또한 사업특성상 전체 주민합의와 추진의지가 절실히 요구되어 주민총회를 통해 각자의 의견을 개진하고 만장일치로 사업 유치를 결정하자는 것이다.

광양시장은 마을의 사업계획을 검토하면서 공공부문에서 주차장, 공동체험장, 황토방(샤워실), 농산물 판매장, 위성인터넷 등 설치계획이 현지 여건에 적정하다고 판단하고 민간부문에서는 체험농장(산채재배, 한우축산, 고로쇠약수, 두릅재배), 민박마을 농가식당 등 설치계획이 실현 가능하다고 판단하였고 황토찜질방, 공동샤워장, 농산물 판매장, 창고 철거 등 사업시행에 따른 사업부지는 마을공동 토지(재산)와 일부 사업에 필요한 개인소유 토지(200평)에 대해 기공승락서를 징구한 토지를 활용할 계획으로 별도의 부지매입 예산이 필요 없다는 사업계획 검토의견을 제출함으로써 2005년 사업에 지원을 할 수 있었다.

　이와 같은 다양한 마을의 잠재력을 바탕으로 신촌마을은 녹색농촌 체험마을 개발을 위한 기본 구상으로서 마을테마를 의병장으로 정하면서 교육과 건강이 함께하는 휴양마을로 마을 개발 비전을 세웠다. 마을 테마상품으로는 먹을거리 테마로는 배, 감, 매실, 한방 배즙, 한방 옻닭을 선택했고, 체험테마로는 의병장 교육 체험, 각종 과일 수확 체험을 설정했다.

　마을개발 방향으로는 마을 주민의 소득 향상에 보탬이 될 수 있는 방향으로 개발하고 마을 주민의 생활 편리성을 현재보다도 향상시킬 수 있도록 개발한다. 또한 마을 현재의 모습을 크게 변화시키지 않고 어메니티 자원을 보존하면서 친환경적으로 개발하고 마을 주민이 지속적으로 관리 및 운영할 수 있는 수준으로 개발하는 것이다.

주민참여의 특징

2

1. 주민참여 분석

1) 연구방법 및 자료

설문조사는 4월 16일(토) 하루 실시하였다. 설문은 자기 기입식(self‑admini-stered) 설문지로 응답자들에게 제시되었으며, 설문지를 직접 기입하기 곤란한 고령 응답자의 경우에는 훈련된 조사자가 도와 설문지를 완성하게 하였다. 설문지는 41부를 회수하여 이 중 조사에 부적합한 2부를 제거하고 총 39부를 최종분석에 사용하였다. 자료에 대해서는 SPSS(Ver. 10.0) 통계 패키지 프로그램을 이용해 주로 수량화 분석을 실시하였다.

신촌마을 주민이 인식하는 녹색농촌 체험마을 사업의 목표, 사업내용, 추진과정의 특징 등에 대해 주민 설문조사에서 얻어진 결과를 바탕으로 사업단계별 주민참여 의식을 분석하였다.

2) 주민의 인구 통계적 특성

　지역주민을 대상으로 한 조사에서 일반적인 특성을 성별, 연령, 거주연수 등으로 구분하여 빈도분석을 실시하였다. 먼저 성별을 살펴보면, 남자가 20명(51.3%), 여자가 19명(48.7%), 연령은 20대 미만이 1명(2.6%), 40대 3명(7.7%), 50대 8명(20.5%), 60대 12명(30.8%), 70대 이상이 15명(38.5%)으로 나타나 20~30대가 전혀 없는 전형적인 농촌인구 비율을 보여 주고 있다.

　거주연수는 태어나서부터 10명(25.6%), 5년 미만 2명(5.1%), 11~20년 2명(5.1%), 31년 이상 25명(64.1%)으로 나타났으며 태어나서부터와 31년 이상이 35명(89.7%)으로서 원주민이 압도적으로 많은 것을 알 수 있다. 이러한 연령, 거주연수의 분포는 한국농촌의 현실을 그대로 반영한다고 해석할 수 있다. 마을 직책의 경험 여부는 이장직 등 10명(25.6%)이 직책을 경험하였으며 29명(74.4%)은 직책경험이 없는 것으로 나타났다.

〈표 3－12〉 주민의 인구 통계적 특성(2005년)

구 분		빈도(명)	비율(%)
성 별	남 자	20	51.3
	여 자	19	48.7
연 령	10대	1	2.6
	20대	0	0
	30대	0	0
	40대	3	7.7
	50대	8	20.5
	60대	12	30.8
	70대 이상	15	38.5
거주연수	태어나서부터	10	25.6
	5년 미만	2	5.1
	5~10년	0	0
	11~20년	2	5.1
	21~30년	0	0
	31년 이상	25	64.1
마을 직책	마을 이장	4	10.3
	새 마을 회장	1	2.6

구 분		빈도(명)	비율(%)
마을 직책	작목 반장	1	2.6
	부녀회장	2	5.1
	청년회장	1	2.6
	친목계 등의 회장	0	0
	기 타	1	2.6
	맡은 적 없다	29	74.4
합 계		39	100.0

자료: 주민 설문조사

3) 녹색농촌 체험마을 사업의 목표 인식

주민들은 녹색농촌 체험마을 사업의 목표에 대해 도로나 주택, 상하수도 등 마을의 기반시설을 개선하는 것으로 사업 목표를 이해(33.3%)하는 비율이 높았으며, 마을의 농촌다운 모습을 유지 및 보존하는 것으로 답한 빈도는 12.8%로 가장 적게 나타났다(〈표 3 - 13〉 참조).

〈표 3 - 13〉 주민이 생각하는 녹색농촌 체험마을 사업의 목표

구 분	빈도(명)	구성비(%)
마을의 기반시설 정비와 개선	13	33.3
마을의 농촌다운 모습 유지 및 보존	5	12.8
농산물 판로 개척 및 신규 소득 작목 개발	11	28.2
도시민 위한 여가 휴양시설 조성	10	25.6

자료: 주민 설문조사

4) 사업에 대한 주민참여 태도와 세부 사업내용의 결정 방식

주민들은 녹색농촌 체험마을 사업 참여의 가치에 대해 긍정적 답변이 높게 나타났다(〈표 3 - 14〉 참조). 주민참여가 가장 효과가 큰 방법이라는 응답이 많았으며(51.3%), 효율이 낮더라도 주민이 함께해야 한다(20.5%)는 의견까지 더할 경우 주민참여에 대해 긍정적으로 생각하는 주민들이 71.8%에 달했다.

<표 3-14> 주민참여 태도와 사업내용의 결정 방식

구 분		빈도(명)	구성비(%)
사업에 대한 주민참여 태도	실제 이익을 얻을 사람이 주도함	5	12.8
	마을 대표 몇 명이 주도함	6	15.4
	효율이 낮더라도 주민이 함께해야 함	8	20.5
	주민참여가 가장 효과 큰 방법임	20	51.3
세부 사업내용의 결정 방식	자유롭게 토론하고 표결로 정함	31	79.5
	소수의견보다는 주민 다수의견대로 결정	5	12.8
	영향력 있는 몇 명의 결정에 따름	3	7.7

자료: 주민 설문조사

마을의 중요 의사가 어떻게 결정되는지 마을 주민에게 질문한 결과, 자유롭게 토론하고 표결로 정한다고 답한 경우가 79.5%를 차지했으며 영향력 있는 몇 명의 결정에 따른다는 의견은 소수에 그쳤다(7.7%). 그러나 실제 사업을 위해 진행된 회의에 참석해서 자기 의견을 말하지 않고 다른 사람의 얘기를 주로 듣고 있었다고 응답한 주민이 51.3%에 달한 점은 앞서 응답한 내용과는 다른 양상을 볼 수 있다.

5) 사업 단계별 주민참여 실태

(1) 사업진행에 대한 주민인식 시점과 선정 시 주민 입장(착수단계)

녹색농촌 체험마을 사업 진행에 대한 인지 시점에 대해 주민에게 질문한 결과 사업대상 마을로 선정되기 전부터 알았다는 주민이 79.5%로 가장 높게 나타나 전반적으로 주민들의 참여의지가 높음을 알 수 있다. 아래로부터 내발적인 주민참여를 중시하는 녹색농촌 체험마을 사업의 정책이념과도 부합한다고 볼 수 있다.

<표 3-15> 사업 진행에 대한 주민인식 시점과 선정 시 주민 입장

	구 분	빈도(명)	구성비(%)
주민인식 시점	사업대상 마을로 선정되기 전부터 인식	31	79.5
	사업대상 마을로 선정된 후 인식	7	17.9
	현재도 모름	1	2.6
주민 입장	찬성했음	33	84.6
	반대했음	3	7.7
	반반임	3	7.7

자료: 주민 설문조사

　녹색농촌 체험마을 사업에 선정 시 주민의 입장을 질문한 결과 찬성했다는 의견이 84.6%로 나타나 녹색농촌 체험마을 사업 진행에 대해 사업대상 마을로 선정되기 전부터 알았다는 의견이 높은 점과 맥락을 같이한다고 볼 수 있다.

(2) 사업 관련 마을회의 참석 여부 및 주민참여 활동(계획단계)

　녹색농촌 체험마을 사업 계획 단계에서 마을회의에 참석 여부를 묻는 질문에 응답자의 66.7%가 되도록 참석했거나 빠지지 않고 참석했다고 답하고 있다. 그러나 녹색농촌 체험마을 사업에 큰 관심이 없어서 마을회의에 참석하지 않았다는 응답이 33.3%에 달하고 있어 일부 계층의 참여도가 저조한 것으로 확인되었다.

<표 3-16> 사업 관련 마을회의 참석 여부 및 계획단계 주민참여 활동

	구 분	빈도(명)	구성비(%)
마을회의 참석 여부	마을회의에 참석하지 않음	13	33.3
	되도록 참석함	4	10.3
	빠지지 않고 회의에 참석함	22	56.4
	마을회의가 열리는 것을 모름	0	0.0
	구분	빈도(예)	빈도(아니오)
계획단계 주민참여 활동	다른 마을에 견학을 다녀옴	16(41.0)	23(59.0)
	사업의 일환으로 이루어진 주민교육을 받음	33(84.6)	6(15.4)

	구 분	빈도(명)	구성비(%)
계획단계 주민참여 활동	계획 수립의 일환으로 이루어진 설문조사에 응함	8(20.5)	31(79.5)
	마을 대표나 공무원에게 개인적인 의견을 제시함	4(10.3)	35(89.7)
	원래 계획에 없던 새로운 사업 아이디어를 제시함	1(2.6)	38(97.4)

자료: 주민 설문조사

녹색농촌 체험마을 사업을 계획하는 과정에서 마을회의 참석 이외에 주민 참여가 높았던 활동으로는, 주민교육을 받음(84.6%), 다른 마을 견학(41.0%)을 들 수 있다. 그러나 설문조사에 응했다(20.5%)나 개인적인 의견을 제시했다(10.3%), 새로운 사업아이디어를 제시했다(2.6%) 등 보다 적극적인 참여 활동을 했다는 주민은 상대적으로 적은 것으로 나타났다.

(3) 사업 진행단계 주민 역할 및 사업 시작에 대한 주민의견(진행단계)

녹색농촌 체험마을 사업 진행단계에서 마을을 위해 어떤 역할을 하시겠느냐는 질문에 청소, 나무나 꽃 심기 등 마을 가꾸기에 직접 나서겠다는 의견이 59.0%로 가장 높게 나타났다. 그러나 사업에 필요한 토지를 제공하겠다거나 공사 과정을 감독하고 내 의견을 제시하겠다는 등 적극적인 역할을 하겠다는 의견은 극소수에 머물렀다.

〈표 3-17〉 사업 진행단계 주민 역할 및 사업 시작에 대한 주민의견

(단위: 명, %)

	구 분	빈도(예)	빈도(아니오)
사업 진행단계 주민 역할	마을에 얽힌 역사나 자원 등에 관한 정보 제공	9(23.1)	30(76.9)
	마을 가꾸기에 직접 나섬	23(59.0)	16(41.0)
	사업에 필요한 토지 제공	1(2.6)	38(97.4)
	마을 조경에 필요한 자원 기증	15(38.5)	24(61.5)
	주택의 지붕, 담장, 마당 등을 가꾸고 개량	15(38.5)	24(61.5)
	건물을 지을 때 노동력 제공	10(25.6)	29(74.4)
	공사 과정 감독 및 의견 제시	2(5.1)	37(94.9)

구분		빈도(명)	구성비(%)
사업 시작에 대한 주민 의견	사업을 벌이기를 잘했다는 생각이 듦	35	89.7
	사업을 하지 않는 편이 낫겠다는 생각이 듦	1	2.6
	사업을 하나 안 하나 별 차이가 없을 것임	3	7.7

자료: 주민 설문조사

사업이 시작되는 시점에서 녹색농촌 체험마을 사업에 대해 어떻게 생각하시느냐는 질문에 사업을 벌이기 잘했다는 생각이 든다는 응답이 89.7%로 가장 높게 나타나 사업에 대한 주민들의 기대가 매우 높음을 알 수 있다.

(4) 사업 운영단계 주민참여 활동(운영단계)

녹색농촌 체험마을 사업 운영과 관련해서 계획하는 일을 질문한 결과 마을 공동시설 관리에 참여한다(43.6%), 방문객에게 농산물을 판매하겠다(41.0%), 민박이나 숙박시설을 운영한다(33.3%), 사업 추진을 위한 주민조직의 운영에 참가한다(30.8%) 순으로 나타났다.

<표 3-18> 녹색농촌 체험마을 사업 운영단계 주민참여 활동

(단위: 명, %)

구 분	빈도(예)	빈도(아니오)
민박이나 숙박시설 운영	13(33.3)	26(66.7)
방문객에게 음식 판매	10(25.6)	29(74.4)
마을 공동시설 관리 참여	17(43.6)	22(56.4)
방문객에게 농산물 판매	16(41.0)	23(59.0)
농사체험 위한 체험농장 운영	9(23.1)	30(76.9)
마을 인터넷 홈페이지 운영 도움	1(2.6)	38(97.4)
사업 위한 주민조직 운영 참가	12(30.8)	27(69.2)

자료: 주민 설문조사

6) 녹색농촌 체험마을 사업 참여 이유

녹색농촌 체험마을 사업에 참여하는 이유를 질문한 결과 언젠가는 효과가 있으리라는 미래 효과를 위해서(30.8%), 마을 일에 참여하는 것이 보람이 있어서(25.6%), 소득 증대에 직접적으로 도움이 되기 때문에(20.5%), 혼자만 빠질 수 있는 분위기가 아니어서(20.5%) 등 전반적으로 고른 이유를 나타냈다. 반면 내 도움이 없이는 마을 일이 안 되기 때문에는 2.6%로 가장 낮게 나타났다.

〈표 3 - 19〉 녹색농촌 체험마을 사업 참여 이유

구 분	빈도(명)	구성비(%)
소득 증대에 직접적 도움	8	20.5
미래 효과를 위해	12	30.8
참여의 보람이 있어서	10	25.6
혼자만 빠질 분위기가 아니어서	9	23.1

자료: 주민 설문조사

7) 녹색농촌 체험마을 사업 후 마을에 나타날 영향 인식

녹색농촌 체험마을 사업이 이루어진 후 마을에 나타날 긍정적 영향은 무엇이냐는 질문에 마을을 찾는 방문객이 늘어날 것이다(100.0%), 공동시설 개선으로 생활이 편해질 것이다(89.7%), 주민들의 마을 일에 대한 관심이 증가할 것이다(84.6%), 마을의 모습이 깨끗해지고 아름답게 변할 것이다(84.6%) 순으로 나타났다. 마을의 땅값이 전반적으로 올라갈 것이라는 응답은 66.7%로 가장 낮게 나타나 사업과 부동산 가치의 변동과는 큰 관련이 없을 것으로 생각하고 있었다.

녹색농촌 체험마을 사업의 결과 마을에 나타날 부정적인 영향에 대해 질문한 결과 대체적으로 낮게 응답하였는데 마을을 찾는 방문객이 늘어 일거리만 생길 것이라는 응답이 17.9%로 가장 높게 나타났다. 사업시행에 부정적 견해를 가지고 있는 주민의 응답으로 풀이된다(〈표 3 - 20〉 참조).

〈표 3-20〉 녹색농촌 체험마을 사업 후 마을에 나타날 영향 인식

구 분		빈도(명)	구성비(%)
긍정적 영향	마을을 찾는 방문객 증가	39	100.0
	마을의 땅값이 전반적으로 상승	26	66.7
	공동시설 개선으로 생활 편리	35	89.7
	주민들의 마을 일에 대한 관심 증대	33	84.6
	마을의 모습이 아름답게 변함	33	84.6
	집을 새로 짓고 고치는 등 각종 개발행위 증가	30	76.9
	마을이 대외적으로 유명해지고 알려짐	31	79.5
부정적 영향	주민 간 갈등 증폭	4	10.3
	새로 조성한 시설이 마을과 부조화	3	7.7
	숙박시설과 음식점의 과도한 증가	4	10.3
	마을방문객 증가로 일거리만 증가	7	17.9
	이익이 몇몇 주민에게만 돌아감	3	7.7

자료: 주민 설문조사

8) 주민참여 활성화 방안

녹색농촌 체험마을 사업에 더 많은 주민이 참여토록 하는 방안을 질문한 결과 주민 교육, 선진지 견학 등의 기회를 늘인다는 의견이 53.8%로 가장 높게 나타났다. 사업에 참여하는 사람에게 금전적인 보상을 해 준다(20.5%), 마을 공동의 일이니까 순번을 정해 일을 맡긴다(17.9%) 등으로 나타났다 (〈표 3-21〉 참조).

〈표 3-21〉 녹색농촌 체험마을 사업 주민참여 활성화 방안

구 분	빈도(명)	구성비(%)
교육, 견학 기회 확대	21	53.8
사업 참여자에게 금전적 보상	8	20.5
예산 집행, 공사 감독 등 재량권 확대	1	2.6
순번을 정해서 일을 맡김	7	17.9
실제 이익을 볼 사람이 주도	1	2.6
기 타	1	2.6

자료: 주민 설문조사

〈그림 3-10〉 신촌 마을회관에서 필자의 주민교육 모습

9) 개인적 의견 제시에 대한 직책 경험 여부의 관계 분석

녹색농촌 체험마을 사업 계획단계 주민참여 활동 중 '원래 계획에는 없던 새로운 사업 아이디어를 제시했다'에 대한 직책 경험의 유무에 따른 두 빈도 간의 차이가 얼마나 큰지 카이자승분석(chi-square analysis)을 통해 비교해 본 결과 통계적으로 유의미한 관계가 있었다(p < 0.05). 다시 말해 직책을 맡은 경험이 있는 주민과 경험이 없는 주민과는 '원래 계획에는 없던 새로운 사업 아이디어를 제시했다'는 질문에 있어 차이가 있다고 말할 수 있다. 이 결과로 보아 직책을 맡은 경험이 있는 주민 일부는 새로운 사업 아이디어를 제시한 반면, 직책을 맡은 경험이 없는 주민의 대부분은 소극적인 태도를 보인 것으로 나타났다(〈표 3-22〉 참조).

〈표 3-22〉 개인적 의견 제시에 대한 직책 경험 여부 비교

구 분		직책 경험 여부		$\chi^2(p)$
		있다	없다	
총수(명)		10(100.0)	29(100.0)	5.695(.017)*
원래 계획에는 없던 새로운 사업 아이디어를 제시함	예	3(30.0)	1(3.4)	
	아니오	7(70.0)	28(96.6)	

* p < 0.05

2. 주민참여의 특징

신촌마을 주민을 대상으로 주민참여를 설문조사한 결과 다음과 같은 시사점을 도출할 수 있었다. 첫째, 신촌마을 주민이 생각하는 녹색농촌 체험마을 사업의 목표는 마을의 기반시설 정비와 개선이 가장 높게 나타났는데, 이는 사업의 목표를 농촌관광마을의 조성 측면에서 관광객 수용태세의 정비로 인식하고 있다고 판단된다.

둘째, 사업 추진에 대한 주민참여 태도는 주민참여가 가장 효과가 큰 방법이라는 응답이 가장 높게 나타났으며, 효율이 낮더라도 주민이 함께해야 한다는 의견까지 포함할 경우 71.8%가 주민참여에 대해 긍정적으로 생각하고 있었다.

셋째, 사업 계획단계에서 마을회의에 참석하지 않았다는 응답(33.3%)이 상당해 일부 계층의 참여가 저조함을 알 수 있다. 사업의 성공을 위해서 다양한 방식으로 주민참여를 확대하는 방안이 모색되어야겠다. 또한 사업 계획단계와 사업 진행단계에서 좀 더 적극적인 참여와 역할이 요구된다고 할 수 있다. 마을조직에서 직책을 경험한 주민과 그렇지 않은 주민 간에 개인적인 의견 제시를 비교한 결과에서 경험이 없는 주민이 대체적으로 소극적인 태도를 보였다. 따라서 이들 소극적인 주민들을 대상으로 마을 대표나 자문단에게 개인적인 의견을 제시한다거나 새로운 사업 아이디어를 제시하도록 분위기를 바꿔 나가는 것이 중요하다.

넷째, 사업 참여 이유에 있어서 미래 효과를 위해서라는 응답이 가장 높게 나타났다. 농촌관광마을의 성과가 당장 나타나는 것이 아니기 때문에 마을 주민들이 장기적 관점에서 기다리는 여유와 함께 추진위원회 및 마을리더와 함께 사업을 착실히 진행한다면 머지않은 미래에 소기의 성과를 거둘 수 있을 것이다.

다섯째, 사업 후 마을에 나타날 영향으로 마을의 땅값이 전반적으로 상승할 것이라는 점만 빼고는 전반적으로 긍정적인 영향을 예측했으며, 부정적인 영향에 대해서는 대체적으로 낮게 응답하였다. 따라서 일부 사업에 부정적 견해를 가지고 있거나 방관자적 입장을 취하는 마을 주민들에 대한 주민교육을 통한 참여의식 고취가 시급한 과제로 밝혀졌다.

여섯째, 주민참여 활성화 방안으로는 교육, 견학 기회 확대가 가장 높게 나타나 사업을 통한 마을 발전을 위해서는 지속적인 교육과 전문가의 의견, 관계기관의 관심 등이 유기적으로 작용하여야 함을 알 수 있다. 특히 농사만 짓고 살았던 주민들에게 외부방문객을 맞이할 수 있는 서비스교육과 마인드를 심어 주는 주민교육이 매우 중요함을 알 수 있다.

3

농촌관광마을 만들기의 효과

1. 체험 프로그램 운영

신촌마을은 마을이 보유하고 있는 자원을 효율적으로 이용하여 프로그램을 운영하고 있다. 크게 당일 체험 프로그램, 1박 2일 체험 프로그램, 계절별 체험 프로그램으로 분류해 볼 수 있다.

〈표 3-23〉 1박 2일 체험 프로그램

시 간	체험내용	비 고
13:00~13:30	마을도착 및 환영, 마을소개 및 숙소 배정	마을체험관
13:30~14:30	형제의병장사당 탐방(문화관광해설사 동행)	의병장사당
14:30~16:30	마을 뒷산 생태탐방로 오르기(마을 어르신 동행)	생태탐방로
16:30~17:30	황토찜질방 체험	황토찜질방
17:30~18:30	가축 기르기 체험(소 여물 주기 등)	민박농가
18:30~19:30	저녁식사 및 취침	민박농가
06:30~07:30	백운산 일출 보기(생태탐방로)	생태탐방로
07:30~08:30	아침식사 및 일정 설명	마을체험관
08:30~10:00	다도체험	학생의 집
10:00~11:00	가재, 피라미 잡기	신용천
11:00~12:00	폐식용유로 빨래비누 만들기 체험	마을체험관
12:00~13:00	점심식사, 귀가 및 배웅	마을체험관

자료: 신촌마을 발전계획서, 2005.

<표 3-24> 당일 체험 프로그램

시 간	체험내용	비 고
13:00~13:30	마을도착 및 환영, 마을소개	마을체험관
13:30~14:30	형제의병장사당 방문(문화관광해설사 동행)	의병장사당
14:30~16:30	배 수확 체험	체험장
16:30~17:30	배즙 만들기 체험	마을체험관
17:30~18:30	가축 기르기 체험(소 여물 주기 등)	민박농가
18:30~19:30	저녁 식사, 귀가 및 배웅	마을체험관

자료: 신촌마을 발전계획서, 2005.

　　신촌마을은 마을명칭에서도 알 수 있듯이 형제의병장이 마을의 테마로 나타나 있다. 따라서 마을에 소재한 형제의병장사당을 둘러보는 프로그램이 주요 프로그램으로 되어 있고 이 프로그램은 마을 어르신이나 문화관광해설사가 마을 방문객을 인솔하면서 형제의병장의 활동과 그 당시 상황을 재미있게 설명하면서 프로그램을 진행하고 있다. 그리고 마을의 특산품인 배를 체험할 수 있는 다양한 프로그램들이 준비되어 있다. 배 따기 체험, 배즙 만들기 체험 등이 그것인데 마을의 과수원에서 직접 배를 따 볼 수 있으며, 딴 배를 가지고 배즙을 직접 만들어 볼 수 있는 시설이 마을의 다목적 체험관에 구비되어 있다.

<표 3-25> 사계절 체험 프로그램

계 절	체험내용
봄	봄나물 채취 체험, 고로쇠 약수 체험, 형제의병장사당 탐방
여 름	가재, 피라미 잡기, 생태탐방로 탐방, 백운산 생태체험
가 을	밤 줍기 체험, 배 수확 체험, 배즙 만들기 체험, 감 따서 감장아찌 만들기 체험
겨 울	다도체험, 폐식용유로 빨래비누 만들기 체험, 짚공예 만들기 체험, 아궁이 불 때기 체험, 가축 기르기 체험

자료: 신촌마을 발전계획서, 2005.

　　또한 신촌마을에는 다양하고 차별화된 체험 프로그램의 기획, 실행과 함께 관광객들을 수용하고 체험활동을 효과적으로 운영하기 위한 물리적 자산으로서 마을의 각종 편의시설이 잘 구비되어 있다. 편의시설은 관광객들로

하여금 방문기간 동안 생활의 편리함과 함께 체험의 효과를 더해 주는 효과가 있다. 신촌마을은 최대 200명까지 수용 가능한 다목적 체험관과 마을문화관, 정자, 느티나무 쉼터에서 각종 단체행사와 다양한 프로그램이 이루어지며, 그 외 체험장으로는 배 따기 체험장, 배즙 가공 체험장, 생태 탐방로 등이 갖추어져 있다. 그 외 기반시설로는 황토찜질방(2실), 마을문화관 등이 있어 방문객의 요구를 반영하고 있다. 이러한 물리적 자산은 체험 프로그램을 다양하고 효과적으로 진행할 수 있는 기반을 제공함으로써 체험 프로그램 진행 시 전문성을 더해 주고 있다.

그러나 전반적으로 봤을 때 체험 프로그램의 운영이 활성화되어 있지 못하다. 이는 기본적으로 농촌체험을 목적으로 마을을 찾는 방문객이 한정적이라는 얘기이고, 더불어 마을이 외부에 적극 홍보되지 않았음을 의미한다.

〈그림 3-11〉 배 수확 체험 및 배즙 만들기 체험

2. 사회·경제적 효과

신촌마을은 '광양 형제의병장 마을'이라는 이미지 통일화를 통해 공동브랜드를 개발하고 포장재를 제작하는 등 마을 CI를 활용하여 배 작목반의 공동 판매 체제를 갖췄다. 또한 한국농촌공사 순천광양여수지사와 1사1촌 자매결연을 하고 마을 계곡 환경정화와 의병장사당 수초 제거 봉사활동 등을 펼치는 등 마을이 외부로 알려지고 자매결연 등을 통한 도농교류에 힘쓰고 있다.

또한 2007년 행정자치부의 정보화 시범마을 선정으로 마을의 정주환경이 지속적으로 개선되고 있으며, 마을민박을 육성하여 9집이 민박을 운영하고 있다. 신촌마을의 운영위원장이자 이장인 'J' 이장은 남다른 리더십으로 마을을 이끌고 있으며, 2007년에는 행정자치부의 정보화 시범마을에 선정되어 마을에 3억 원이 투입되는 성과를 거뒀다. 그리고 녹색체험마을 추진위원회를 이끌어 가면서 마을 주민들의 동의를 구하고 성과를 같이 공유하면서 마을 주민의 삶의 질을 높여 감과 동시에 잘사는 마을로 변모해 가는 데 최선을 다하고 있다.

마을의 방문객을 살펴보면, 마을 방문객에 대한 기본적인 통계를 가지고 있지 않아 정확한 내용을 알 수는 없으나, 개략적인 추산에 의한 연간 방문객 수는 약 1만 5천 명이다. 방문객의 대부분은 여름철에 마을을 방문하였고 특히 하계 피서 철에 방문객이 집중되었으며 민박과 음식 판매로 매출을 많이 올리고 있다.

시설물에 대한 측면을 살펴보면, 마을문화관과 찜질방이 신축되었고 마을창고는 다목적 체험관으로 리모델링되었다. 찜질방이 매주 주말에 운영이 되면서 마을 주민과 인근 마을 주민들이 이용하고 있는데 이용료는 찜질방을 운영하는 데 운영비로 충당하는 수준이어서 마을 수익에는 크게 보탬이 되지 않는 실정이다.

특산품의 판매를 보면, 녹색농촌 체험마을로 지정된 이후 마을특산품인

'형제의병장 배'의 판매가 눈에 띄게 늘었다. 이러한 결과는 체험마을 컨설팅을 통해 형제의병장 마을 캐릭터를 개발하고 캐릭터를 활용한 배 박스를 제작하고 브랜드이미지 통합 작업을 했기 때문으로 판단된다.

소　결

4

　　본 장에서는 그린투어리즘에 기초한 농촌관광마을의 사례로서 광양시 봉강면 신촌마을의 사례를 고찰하였다. 그 내용을 요약하면 다음과 같다.

　　첫째, 마을의 현황을 살펴보면, 신촌마을은 배 작목반이 구성되어 있어 봉강면 전체의 30가구 중 15가구가 마을에 소재할 정도로 배 작목이 활기를 띠고 있다. 녹색농촌 체험마을 사업을 통해서 형제의병장이라는 브랜드를 가지고 배를 판매하고 있다. 신촌마을의 주민조직은 마을총회, 마을개발위원회, 새마을부녀회, 청년회, 의병장녹색농촌체험마을추진위원회, 배 작목반 등이 있어 수시로 모여 마을 대소사를 의논하고 있다. 신촌마을 이장은 매실 작목반 대표자로서 주민의 신뢰와 더불어 리더십을 갖추고 있다. 마을 주민의 생활권은 대체로 광양시이고 마을의 정주환경은 매우 양호한 편이다. 농가별로 차이가 있겠지만 전체적으로 봤을 때 신촌마을은 여타 농촌마을과 비교해 상당히 잘사는 마을에 해당한다고 할 수 있다. 마을의 자원을 살펴보면, 마을 홈페이지, 마을 캐릭터와 민박 표지판, 광양 학생의 집, 형제의병장 우물, 마을 도서관, 마을 창고, 느티나무, 마을안내판과 쉼터, 강희보·강희열 형제의병장사당, 백운저수지 등이 있어 마을에서 체험 프로그램을 운영할 다양한 자원을 보유하고 있다. 특히 흉물로 방치되어 있던 마을 창고는 새롭게 다목적 체험관으로 리모델링되어 마을 어메니티(amenity)를 한결 부각시키고 있다.

둘째, 마을의 잠재력과 마을 만들기의 과정을 살펴보면, 신촌마을은 백운산을 왕래하는 등산객을 확보하고 있고, 전술한 바와 같이 활용 가능한 자원을 많이 보유하고 있다. 또한 선도농업인이 있고 도농교류 프로그램을 운영 중이며 친환경농업과 함께 한방 배즙 등 마을 특산품이 있는 등 강점을 보유한 반면, 마을사람들이 참여할 관광프로그램이 많지 않고 마을내부 공동 공간/복지 공간이 부족한 약점을 가지고 있다. 또한 건강에 대한 관심과 농촌관광에 대한 인지도 증대, 체험마을 사업을 계기로 행정 등 외부의 관심과 지원, 865번 지방도의 개통 등은 기회요인이라 할 수 있다. 그러나 주변 지역 등과 경쟁관계, 관 주도 각종 지원 사업으로 마을의 정체성에 위협을 받는 점 등은 위협요인이라 할 수 있다. 이러한 다양한 마을의 잠재력과 농촌관광마을을 통해 잘살아 보겠다는 주민들의 의지가 모여 2004년 1월 주민총회를 통해 각자의 의견을 개진하고 전체 주민 합의를 통한 만장일치로 사업유치를 결정했다. 그러한 결과 마을은 2006년 사업대상마을로 선정되었고 마을 발전계획을 통해 마을의 테마를 형제의병장으로 설정하면서 교육과 건강이 함께하는 휴양마을로 마을개발 비전을 제시했다. 마을테마 상품으로는 먹을거리 테마로는 배, 감, 매실, 한방 배즙, 한방 옻닭을 선택했고, 체험 테마로는 의병장 교육 체험, 각종 과일 수확 체험을 설정했다.

셋째, 주민참여의 특징을 살펴보면, ① 신촌마을 주민이 생각하는 녹색농촌 체험마을 사업의 목표는 마을의 기반시설 정비와 개선이 가장 높게 나타나서 이 사업에 대한 인식의 전환이 필요함을 알 수 있다. ② 사업 추진에 대한 주민참여 태도는 주민참여가 가장 효과가 큰 방법이라는 응답이 가장 높게 나타났으며, 효율이 낮더라도 주민이 함께해야 한다는 의견까지 포함할 경우 71.8%가 주민참여에 대해 긍정적으로 생각하고 있었다. ③ 사업 계획단계에서 마을회의에 참석하지 않았다는 응답(33.3%)이 상당해 일부 계층의 참여가 저조함을 알 수 있다. 사업의 성공을 위해서 다양한 방식으로 주민참여를 확대하는 방안이 모색되어야겠다. ④ 사업 계획단계와 사업 진행단계에서 좀 더 적극적인 참여와 역할이 요구된다고 할 수 있다. 예를 들어 마을 대표나 자문단에게 개인적인 의견을 제시한다거나 새로운 사업 아이디어를 제시하는 것이 그것이다. ⑤ 사업 참여 이유에 있어서 미래 효과를 위해서라는 응답이 가장 높게 나타났다. 농촌관광마을의 성과가 당장 나타나는 것이 아니기 때문에 마을 주민들이 장기적 관점에서 기다리는 여유와 함께 추진위 및 마을리더와 함께 사업을 착실히 진행한다면 머지않은 미래에 소기의 성과를 거둘 수 있을 것이다. ⑥ 사업 후 마을에 나타날 영향으로 마을의 땅값이 전반적으로 상승할 것이라는 점만 제외하고 전반적으로 긍정적인 영향을 예측했으며, 부정적인 영향에 대해서는 대체적으로 낮게 응답하였다. 따라서 일부 사업에 부정적 견해를 가지고 있거나 방관자적 입장을 취하는 마을 주민들에 대한 주민교육을 통한 참여의식 고취가 시급한 과제로 밝혀졌다. ⑦ 주민참여 활성화 방안으로는 교육, 견학 기회 확대가 가장 높게 나타나 사업을 통한 마을 발전을 위해서는 지속적인 교육과 전문가 의견, 관계기관의 관심 등이 유기적으로 작용하여야 함을 알 수 있다. 특히 농사만 짓고 살았던 주민들에게 외부방문객을 맞이할 수 있는 서비스교육과 마인드를 심어 주는 주민교육이 매우 중요함을 알 수 있다.

넷째, 농촌관광마을 만들기의 효과를 크게 체험 프로그램의 운영과 사회·경제적 효과 측면에서 살펴볼 수 있다. 신촌마을의 체험 프로그램은 당일 체험 프로그램, 1박 2일 체험 프로그램, 계절별 체험 프로그램으로 분류할 수 있는데, 형제의병장 사당 답사와 과일 수확 체험 등이 핵심 프로그램이라 할 수 있다. 그러나 전반적으로 체험 프로그램이 활성화되어 있지 않는 점이 특징이라 할 수 있는데, 이는 기본적으로 농촌체험을 목적으로 마을을 찾는 방문객이 한정적이고, 더불어 마을이 외부에 적극 홍보되지 않고 있음을 의미한다. 사회·경제적 효과를 보면, 마을은 한국농촌공사와 1사1촌 자매결연을 하고 활발한 도농교류를 실천하고 있으며 마을리더와 주민들의 노력으로 행정자치부의 정보화 시범마을에 선정되기도 하였다. 또한 여름철에 마을을 방문하는 관광객에게 민박과 음식 판매를 통해 농외소득을 올리고 있으며 찜질방이 마을 주민과 인근 주민들의 생활복지 향상에 기여하고 있다. 그리고 마을특산품인 '형제의병장 배'의 판매가 눈에 띄게 증가해 녹색농촌 체험마을 시범사업에 선정된 후 마을을 외부에 긍정적으로 홍보하고 그에 따라 자연스럽게 마을 특산품도 높은 효과를 보고 있다.

　전반적으로 신촌마을은 잘사는 마을에 해당한다. 농림부의 녹색농촌 체험마을 사업을 통해 마을의 환경을 정비하고 개선함으로써 주민들의 정주의욕을 높이고 더불어 농촌관광마을 만들기에 노력을 함으로써 더욱 살기 좋고 잘사는 마을로 변해 가고 있다. 다만, 일부 주민들에서 나타나는 마을리더에 대한 불신과 갈등을 잘 조정해 나간다면 마을은 정보통신부의 정보화 시범마을 사업과 연계하여 한층 발전할 수 있을 것으로 판단된다.

장흥군 회진면 진목마을의 사례분석

마을의 자원과 농촌관광마을 만들기 과정

1

1. 마을의 현황

1) 마을의 입지와 자연환경

진목마을은 전라남도 장흥군 회진면 진목리에 있는 마을로서 1종항이 있
는 회진면의 남단에 위치하고 있다. 진목마을은 전라남도의 중심 도시인 광
주광역시 및 지역 내 거점 도시인 순천시·나주시·목포시 등과 약 80㎞
내의 공간거리에 위치하며 시간적으로는 약 1시간 30분 거리에 위치하고
있어 인근 대도시와의 연계성은 떨어지는 편이다. 장흥군은 고속도로 및 철
도 등 광역 접근 교통시설과 직접 연계되어 있지 않아 도내 타 지역 및 전
국적인 측면에서 광역 접근성이 상대적으로 불리하며, 이러한 요인이 지역
의 발전을 저해하는 주요 요인으로 작용하였다. 그러나 서해안고속도로의
개통과 더불어 목포-광양 간 고속도로, 목포-보성 간 경전선철도, 광주-
장흥 간 고속화도로 및 해안일주도로 등의 범국가적 SOC 기반시설 확충사업
의 추진으로 향후 장흥군 및 진목마을로의 광역 접근성은 개선될 전망이다.

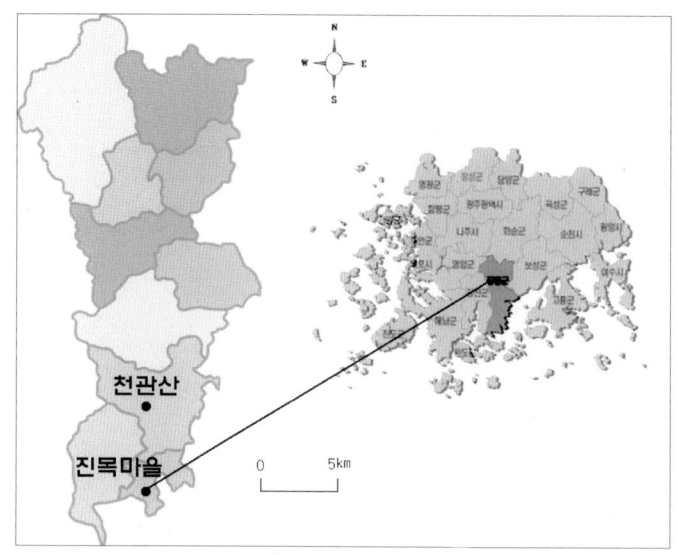

〈그림 4-1〉 진목마을 위치

〈그림 4-2〉 진목마을 전경

　　진목마을은 본 마을을 중심으로 동편에는 천두리(하늘머리) 서편에는 갯
나들 마을까지 합해서 진목리 마을이다. 마을 동쪽에는 안삭금, 삭금(행정구
역 이진목)마을이 있고 서쪽으로는 대덕면 가학마을이 있다. 갯나들은 옛날
바닷가로서 재방이 막아지고 간척지가 생기면서 마을이 형성되어 진목리의
한 축으로 6반으로 불리며 현재 17가구에 60여 명의 주민이 살고 있다. 주

로 대농들이며 질이 좋고 밥맛이 뛰어난 간척지 쌀을 생산하며 살아가고 있다. 천두리(하늘머리)는 1990년대에는 25가구로 구성되어서 진목리의 한 축인 5반으로 속하여 있으나 현재는 농촌의 이농현상으로 12가구에 30여 명의 주민이 오순도순 살고 있다. 또 천두리엔 맑고 깨끗한 우물이 있으며 특히 우물은 자연으로 솟으며 여름에는 차갑고 겨울에는 김이 모락모락 오르며 따뜻하다.

〈그림 4-3〉 갯나들 · 천두리 전경

　진목마을은 경사가 급하지 않은 계단상 지형에 위치하여 있다. 동북동쪽으로 산을 넘어 회진면이 있으며, 마을 뒤로 산지, 앞으로 바다가 있다. 현재 마을 앞 해안지역은 간척되어 논농사를 짓고 있으며 바다 쪽은 물이 빠지면 갯벌지형이 드러난다. 마을 옆 골짜기는 개간해서 논 또는 밭으로 쓰고 있다. 마을 바로 앞에는 들논과 일제시대 때 막았던 구농장이 있다. 그쪽으로 60년대에 막았던 바둑판처럼 정리된 덕촌농장이 황금물결을 이루고 농장 밖의 바다에는 어족자원이 풍부한 좌포 푸른 바다와 함께 완도군 약산면 소재지가 있다. 본 마을 동쪽에 마을 진입로인 외골재가 1.2㎞ 거리에 있고 서쪽으로 대덕면과 경계를 이룬 불당골 산이 있다. 마을 뒤에 노적봉이 병풍처럼 펼쳐 있고 그 아래 서당터가 있다. 집은 모두 정남향을 향하고 있다.

2) 마을의 인문환경

(1) 마을의 역사와 인구

1595년경, 임진왜란 당시 죽산안씨가 난을 피하여 지금의 교회자리에 터를 잡았으며 이후로 경주이씨가 이사 와서 현재까지 거주하고 있다. 마을 뒤에는 노적봉산이 병풍처럼 펼쳐 있고 좌로는(좌청룡) 노적봉 산자락이, 우로는(우백호) 불당골 산자락이 쭉 뻗어 내렸고 마을 앞에는 안산이 책상처럼 나지막하게 있어서 학문이 박식한 문인이 많이 나온다고 한다. 그리고 마을 사면이 산자락에 싸여서 외부에서는 잘 보이지 않는 산의 중턱 깊숙한 곳에 위치해 있고 정남향을 바라보는 전형적인 농어촌 마을이다. 참나무가 많아서 참진(眞) 나무목(木)이라 했고 임진왜란 때 마장골에서 전쟁에 사용할 말을 먹였다고 전한다.

회진면에서 두 번째로 큰 마을로서 현재 총인구는 318명이고, 가구 총수는 116호이다. 총인구 중 남자는 145명, 여자는 173명으로 성비는 여성이 다소 높은 편이다.

〈표 4-1〉 마을 인구 현황(2006년)

구 분	인 구(명)	
	남	여
	145	173
합 계	318	

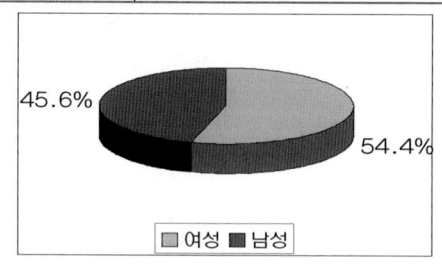

자료: 장흥군 회진면사무소. 2006.

주민의 마을 거주 연수를 보면, '태어나서부터' 거주자가 37.8%(17명)로 가장 많은 것으로 나타났으며 '31년 이상'은 24.4%(11명)로 나타나 전형적인 농촌거주형태를 보이고 있다.

〈표 4-2〉 주민의 마을 거주 연수(2006년)

구 분	빈도(명)	구성비(%)
태어나서부터	17	37.8
5년 미만	1	2.2
5~10년	3	6.7
11~20년	8	17.8
21~30년	5	11.1
31년 이상	11	24.4

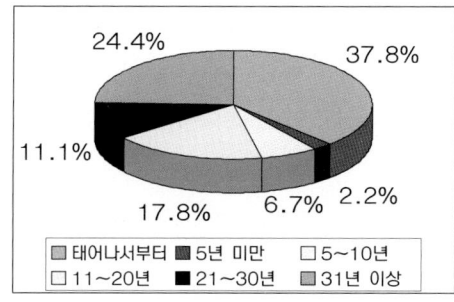

자료: 주민 설문조사

(2) 주민의 생업

마을 내 가구 중 농가가 76%로 주산업은 농업이라고 할 수 있다. 진목마을의 경지면적은 총 161.7ha로 전 32.3ha, 답 129.4ha로 회진면에서 가장 큰 면적을 가지고 있으며, 특히 진목농장과 간척답에서는 밥맛 좋고 질 좋은 쌀이 생산되고 있다.

〈표 4-3〉 마을 내 농가 · 비농가 현황(2006년)

구 분	가구 수(%)	
	농 가	비농가
	88(76)	28(24)
합 계	116(100)	

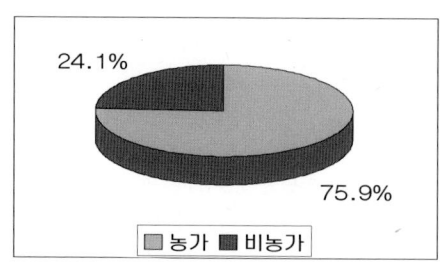

24.1%

75.9%

■ 농가 ■ 비농가

자료: 장흥군 회진면사무소, 2006.

진목마을의 주요 재배 작목은 논농사와 밭농사가 대부분이며 한우 등의 축산이 활발하며 축산 농가는 가구별로 2~3마리는 거의 키우고 있으며 전체적으로 약 200두 정도이다. 진목마을에서 생산된 농산물은 대체로 지역농협 등을 통해 판매되며, 호박의 경우 마을에서 운영하는 인터넷 쇼핑몰과 성남, 목포 등 농협에서 운영하는 하나로마트를 통해 직거래되기도 한다.

⟨표 4-4⟩ 진목마을의 농지 총면적(2006년)

구 분	면 적(ha)	비 중(%)
논	32.3	20.0
밭	129.4	80.0
농지 총면적	161.7	100.0

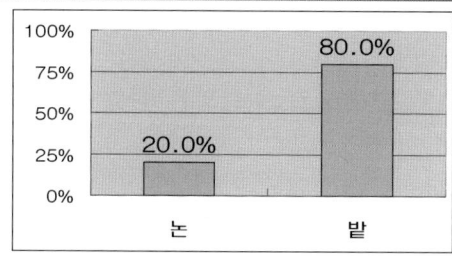

자료: 장흥군 회진면사무소, 2006.

⟨표 4-5⟩ 재배 농산물의 판매 방법

구 분	빈도(명)	구성비(%)
광주 각화동 등 대규모 유통시장 납품	4	8.9
지역 농협 납품	25	55.6
밭떼기 등으로 중간 상인에 넘김	1	2.2
직접 지역 내 시장, 상점 등에 판매	6	13.3

구 분	빈도(명)	구성비(%)
주말농장 등을 이용하여 현장에서 소비자와 직거래	0	0.0
지역 내 가공공장 등에 넘김	1	2.2
우편판매, 택배 등을 활용	0	0.0
기 타	8	17.8

자료: 주민 설문조사

한편 아직 초기단계이기는 하나 마을의 전략품목인 호박을 재배하여 판매함으로써 소득을 올리고 있다. 그러나 집단적으로 재배하거나 포장 및 상표 등 마을 자체의 체계적인 상품 관리는 아직 이루어지지 않고 있다.

〈표 4-6〉 주민의 연간 소득(2006년)

구 분	빈도(명)	구성비(%)
500만 원 미만	23	51.1
500~1,000만 원	8	17.8
1,000~2,000만 원	9	20.0
2,000~3,000만 원	2	4.4
3,000만 원 이상	3	6.7

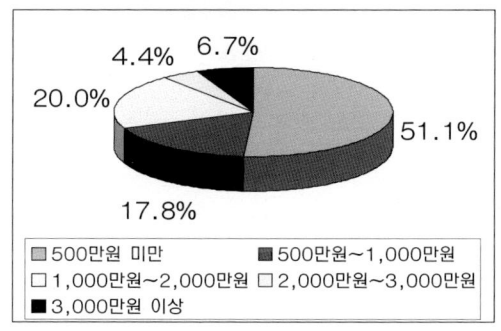

□ 500만원 미만 ■ 500만원~1,000만원
□ 1,000만원~2,000만원 □ 2,000만원~3,000만원
■ 3,000만원 이상

자료: 주민 설문조사

주민의 연간 소득은 연소득 500만 원 미만인 가구가 23명(51.1%)이고 3,000만 원 이상인 가구가 3명(6.7%)으로 나타나 소득 격차가 큼을 알 수 있으며 3,000만 원 이상이라고 응답한 가구는 축산을 겸하는 가구로 나타났다.

(3) 주민의 정주 여건

대부분 주택은 1970년대 근대화 무렵 건축된 낡고 초라한 건물이다. 마을 내에 흉물스럽게 방치되고 있던 공폐가 2개 동은 더 나은 마을 경관 조성과 밝은 마을 이미지 조성을 위해 철거를 계획 중이다.

상수원으로부터 안정적으로 용수를 공급받음으로써 물 부족 문제 등 용수원 확보 문제는 어려움이 없다. 마을 주 진입로인 마을 안길은 콘크리트 포장이 완료된 상태이나 보·차도 분리가 되어 있지 않다.

〈그림 4-4〉 포장된 마을 진입로와 마을을 운행하는 군내버스

마을 주민의 생활권은 대체로 회진면이며, 진목마을을 경유하는 대중교통 수단은 군내버스가 운행하고 있다. 한편 회진면이나 국도에서 마을에 접근하는 데 있어 도로 안내판에 진목마을로 향하는 길은 이청준 생가로 표시되어 있어 외부 방문객들이 쉽게 찾아올 수 있도록 되어 있다.

〈그림 4-5〉 진목마을 도로안내판

3) 주민조직과 주민역량

진목마을 내에는 청년회, 부녀회, 남녀노인회, 마을개발위원회 등의 조직이 있으며, 녹색농촌 체험마을 사업을 계기로 '체험마을추진위원회'가 새롭게 구성되었다. 주민조직의 활동은 그다지 특별한 것은 없으나 특정 사안에 대해서 주민 모두가 수시로 모여 이야기하는 형식이다.

마을 조직에서 직책 경험을 묻는 질문에 33.3%(15명)가 각종 직책을 경험한 것으로 나타났으며 66.7%(30명)는 직책 경험이 없는 것으로 나타났다.

〈표 4-7〉 마을 조직에서 직책 경험 여부

구 분	빈도(명)	구성비(%)
마을 이장	4	8.9
새마을지도자	2	4.4
작목반장	0	0.0
부녀회장	3	6.7
청년회장	3	6.7
친목계 등의 회장	1	2.2
노인회장	1	2.2
추진위원장	1	2.2
맡은 적 없다	30	66.7

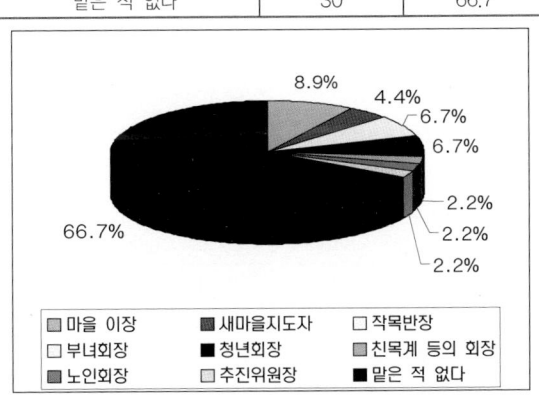

자료: 주민 설문조사

마을총회는 1년에 1회씩 개최하였으나, 녹색농촌 체험마을 사업 대상마을 선정 이후로는 안건이 있을 때마다 수시로 개최히여 마을 일을 의논하고 있다. 또한 마을 청소, 꽃 식재, 돌담 쌓기 등 마을 주민 전체가 참여할 만한 일에는 수시로 공동 부역을 하고 있다.

마을 내 주민조직 중 가장 영향력이 큰 모임은 마을총회이다. 진목마을 이장은 마을발전을 위해 남다른 열정을 가지고 있는 사람으로 농촌관광과 관련한 각종 지도자교육과정과 워크숍을 수료하는 등 남다른 활동을 펼치고 있으며, 주민의 신뢰도 두텁다. 또한 녹색농촌 체험마을 사무장은 전 이장으로서 본 사업의 모든 업무를 전체적으로 관장하며 폭넓은 식견을 가지고 이 사업을 수행하고 있다. 주민 중 2~3인은 마을의 역사와 생태 등에 대해 지식이 풍부하고 설명력도 풍부하여, 마을에서 체험 프로그램 등을 추진하는 데 참여 역량이 있다.

2. 마을의 자원

진목마을의 자원은 마을 홈페이지, 소설가 이청준과 이청준 생가, 진목교회, 다목적 창고, 호박터널, 소설 속 무대 '눈길', 마을 안내사인과 전망정자, 영화 〈천년학〉 세트, 다목적 체험관 등이 있다.

〈표 4-8〉 마을 홈페이지 메뉴 구성

메 뉴	세부 콘텐츠
호박나라 소개	이장님 인사말, 역사 및 환경, 호박나라 마을, 문화 유적, 음식점 안내, 숙박시설 안내, 찾아오시는 길
호박쇼핑	관상호박, 단호박, 미니단호박, 국수호박, 호박가공 식품, 선물세트
호박 이야기	호박이란, 재배방법, 호박의 종류, 호박요리
체험학습	호박나라 체험 프로그램, 선상낚시 체험, 꽃섬 체험, 대구도 체험, 자연관찰 체험, 골탐사 체험, 체험학습 신청하기
함께하는 공간	호박나라 새 소식, 향우마당, 자유게시판, 포토 갤러리
고객센터	구입 및 배송문의, 이용약관, 개인정보보호정책

자료: 진목마을 홈페이지(http://www.jinmok.com), 2007.

마을 홈페이지(http://www.jinmok.com)는 크게 호박나라 소개, 호박 쇼핑, 호박 이야기, 체험학습, 함께하는 공간, 고객센터의 6개 메뉴로 구성되었다 (〈표 4-8〉 참조). 홈페이지의 주된 기능은 마을 홍보와 더불어 쇼핑몰 운영에 있다.

마을에서는 전략적으로 호박을 작목하고 있기 때문에 '호박' 하면 진목마을이 떠오를 수 있도록 호박 판매에 정성을 쏟고 있다. 홈페이지의 유지 및 관리 또한 마을 사무장이 전담하고 있어서 관리가 잘되고 있는 편이다. 다만, 컴퓨터에 대한 이해 부족 때문에 주민 간 커뮤니티는 형성이 안 되고 있으며, 숙박시설의 경우, 마을 내에 민박농가가 없는 관계로 회진면의 숙박시설이 안내되어 있다.

〈그림 4-6〉 마을 홈페이지(http://www.jinmok.com)

소설가 이청준(李淸俊, 1939년~2008년)은 전라남도 장흥에서 태어난 소설가이다. 서울대 독문과를 졸업했고, 1965년 단편소설 「퇴원」이 사상계 신인상에 당선되어 등단하였다. 데뷔한 이래 꾸준한 작품 활동을 했으며 몇몇 작품은 영화의 원작이 되기도 했다. 임권택 감독의 〈서편제〉는 이청준의 단편소설인 「서편제」를, 이창동 감독의 〈밀양〉은 이청준의 소설 「벌레이야기」를 원작으로 하고 있다. 대표적인 장편소설로는 소록도에서 나병환자들을 돌본 실제 의사를 모델로 한『당신들의 천국』, 맹인 목사의 회심이야기를 다룬『낮은 데로 임하소서』 등이 있다. 대한민국문화예술상·창작문학상·동인문학상·이상문학상·호암예술상 등을 받았다.

〈표 4-9〉 소설가 이청준 약력

연 도	약 력
1939년	전남 장흥군 회진면 진목마을 출생
1966년	서울대학교 독어독문학과 졸업
1965년	「퇴원」으로 〈사상계〉 신인문학상 공모에 당선되어 문단에 데뷔
1966~72년	월간 〈사상계〉, 〈아세아〉, 〈지성〉 편집부 기자
1967년	「병신과 머저리」로 제12회 동인문학상 수상
1978년	「잔인한 도시」로 이상문학상 수상
1998년	「날개의 집」으로 제1회 21세기 문학상 수상
1999년~현재	순천대학교 문예창작학과 석좌교수

자료: 진목마을 발전계획, 2006.

이청준 생가는 마을에 들어서면 마을회관 오른편에 위치해 있다. 진목리에서는 이청준 작가의 업적을 기려 생가를 복원하였으며, 수많은 문학인과 관광객들은 이곳을 찾아 그에게 갖는 호기심과 작품 저변에 깔려 있는 정서에 대한 갈증을 풀고 있다.

진목교회는 마을 중턱에 위치해 있으며 올해로 100년을 맞은 유서 깊은 교회이다. 그 역사만큼이나 많은 목회자가 거쳐 갔고 교회의 영향으로 많은 목회자를 배출하기도 했으며 동네 사람들의 대부분이 교회신자라고 해도 과언이 아니다.

다목적 창고는 마을의 대소사에 활용하고 농기계 보관, 농산물 작업·출하장, 농작물(호박)의 저장 등 다양한 용도로 활용되고 있다. 이 시설은 주민회의를 통해 건물구조와 용도를 정했다.

<그림 4-7> 마을의 자원 Ⅰ

호박터널은 폭 4.5m에 총연장 약 1km에 달하는 터널모양으로 넝쿨을 올렸으며, 단추모양의 단추호박, 얼룩덜룩한 얼덜호박, 숟가락모양의 스몰스푼, 위는 노랗고 아래는 녹색인 이색길라호박, 식용으로 인기인 국수호박, 수세

미, 조롱박, 긴박 등 세계 5대양 6대주를 대표하는 각국의 희귀종 관상호박 150여 종과 식용이 가능한 미니 밤호박 등이 식재되어 있어 생태체험관광과 농가소득 증대를 도모하고 있다.

　소설 속 무대 '눈길'은 소설가 이청춘의 소설에 등장하는 곳으로 진목교회를 지나 마을과 멀리 바다가 내려다보이는 언덕에 위치하고 있다.

　마을 안내사인과 전망정자는 호박을 상징하는 대형조형물과 함께 농림부 지정 녹색농촌 체험마을임을 알리는 대형사인과 마을 들머리에 설치된 정자

▲ 호박터널

▲ 소설 속 무대 '눈길'

▲ 마을 안내사인과 전망정자

〈그림 4-8〉 마을의 자원 Ⅱ

와 쉼터로서 마을 주변을 전체적으로 조망할 수 있는 곳이다.

영화 〈천년학〉 세트는 영화인 임권택 감독의 100번째 영화인 〈천년학〉의 촬영에 사용되었으며, 영화는 소설가 이청준의 「선학동 나그네」를 원작으로 하는 작품이다. 원작은 「서편제」가 포함된 『남도사람』 연작 중 하나로, 송화와 아버지를 버리고 떠났던 오빠가 훗날 송화를 찾아 선학동이란 곳을 찾아온 이야기를 그리고 있다. 배우 오정해, 조재현, 오승은, 신지수, 윤제원, 황시온 등이 출연하며, 장흥 세트는 진목마을 초입에 위치하고 있다.

다목적 체험관은 마을을 안내하고 마을 문화를 소개하며 호박 등 특산물을 전시할 수 있는 다목적 체험관이다. 못생긴 호박축제 시 호박과 관련한 각종 자료를 전시하고, 단체 방문객 안내업무 등이 이루어진다. 향후 호박 향토 사업이 진행되면 다른 부지에 체험관을 짓고 현 다목적 체험관은 이청준 문학체험관의 용도로 사용할 수 있다.

▲ 영화 〈천년학〉 세트

▲ 다목적 체험관

〈그림 4-9〉 마을의 자원 Ⅲ

3. 마을의 잠재력과 관광마을 만들기 과정

진목마을의 잠재력을 네 가지 측면에서 살펴보고자 한다. 진목마을의 강점은 이청준 생가를 방문하는 문학동호인 등 관광객이 증가하고 있으며 100년의 전통을 자랑하는 진목교회 등 자원을 보유하고 있다. 또한 못생긴 호박축제의 인지도가 상승하고 있으며 그로 인한 마을 방문객의 증가 등 긍정적인 영향들이 나타나고 있다. 그리고 마을 주민들의 단합이 잘되고 있으며 친환경농업의 실천과 함께 호박, 호박가공품 등의 개발이 진행되고 있다.

반면, 마을의 약점은 행정 등의 관광지원 기반이 부족하고 연계성이 약하다. 또한 마을사람들이 참여할 관광프로그램이 많지 않은 실정이다. 그리고 외부지원 사업이 마을 주민의 복지와 생활의 편리와 괴리되기 쉬운 여지가 있으며, 주민들의 숙박·음식 판매 등의 환대서비스에 대한 관심이 부족하다.

기회 측면을 보면, 최근 웰빙트렌드로 건강에 대한 관심과 생태관광과 녹색관광, 농촌관광에 대한 인지도가 증대되고 있는 상황이다. 그리고 녹색농촌 체험마을 시범사업을 계기로 외부의 전폭적 지원과 관심이 증대되고 있다. 이청준 생가를 방문하는 관광객 수의 꾸준한 증가 추세와 함께 못생긴 호박축제를 통해 마을이 전국적으로 알려졌다.

마지막으로 위협 측면을 살펴보면, 군에서 자체 지정한 18개 생태체험마을 등과 같은 유사사업을 하고 있는 마을과 경쟁관계에 놓일 것이고 관주도 각종 지원 사업으로 마을의 정체성에 위협을 받을 수 있다. 무엇보다도 원거리에 위치한 지리적 특성은 방문객의 접근을 위축시키는 요인이 되고 있다.

이러한 다양한 마을의 잠재력을 바탕으로 마을은 장흥군이 자체적으로 지정하는 생태체험마을에 2005년 선정되었으며, 그해 여름 호박을 테마로 '제1회 못생긴 호박축제'를 개최하였다. 전남지방에서 마을 단위에서 마을축제를 개최한 것은 최초이다. 성공적인 축제의 개최를 계기로 마을 이장 'J' 씨와 장흥군청 마케팅과 직원 'M' 씨는 농림부의 녹색농촌체험 시범마을사업에 신청을 하게 되었고, 마을은 이청준 생가로 대표되는 문학마을과 못생긴 호박으로 대표되는 청정 이미지가 주민들의 하고자 하는 의지와 결합되어 2006년 사업대상 마을로 선정되었다. 여기에는 주민들의 의지가 무엇보다도 중요하게 작용했지만, 장흥군청 'M' 씨의 헌신적인 열정과 봉사가 뒤따랐기 때문으로 판단한다.

마을이 사업대상 마을로 선정된 후 진목마을은 녹색농촌 체험마을 개발을 위한 기본 구상으로서 마을테마를 '못생긴 호박'으로 정하고 '호박을 테마로 잘사는 웰빙마을'로 마을 개발 비전을 세웠다. 마을 테마상품은 먹을거리 테마로는 호박죽, 호박전, 호박국수, 호박식혜를 선택했고, 체험 테마로는 호박넝쿨 터널 걷기, 이청준 문학체험을 설정했다.

마을개발의 기본방향은 먼저, 마을의 테마인 호박과 이청준 생가를 통한 문학체험을 할 수 있도록 마을 전체에 테마를 부여하여 그룹화하고 골목길로 세분화하여 체험동선을 구축하는 것이다. 둘째, 마을에서 해마다 개최하고 있는 '못생긴 호박축제'를 활용하여 마을을 마케팅하고 소득을 올리는 등 '못생긴 호박축제'를 활성화시키는 방안이 필요하다. 셋째, 이청준 생가와 소설의 배경 장소 등을 활용한 민박프로그램을 운영한다. 특히 소설에 관심 있는 마을 주민이 직접 민박프로그램을 운영하는 것이 필요하다.

2 주민참여의 특징

1. 주민참여 분석

1) 연구방법 및 자료

　본 연구의 목적 달성을 위해서 분석은 다음과 같이 이루어졌으며 설문조사[19]는 마을 주민을 대상으로 2006년 6월 17일(토) 하루간 마을현지에서 실시하였다. 먼저, 측정변수와 설문항목의 구성은 송미령(2004)의 주민참여형 개발모형사업의 마을 주민용 설문지를 원용하였으며 구체적인 설문항목은 진목마을 주민이 인식하는 마을의 대표 이미지(어메니티 자원)와 녹색농촌체험마을 사업의 목표, 주민참여 태도와 사업 참여 이유, 사업단계별 주민참여 활동, 사업 후 마을에 나타날 긍정적·부정적 영향 인식, 주민참여 활성화 방안 등으로 구성되었다.

　설문은 자기 기입식(self – administered) 설문지로 응답자들에게 제시되었으며, 설문지를 직접 기입하기 곤란한 고령 응답자의 경우에는 훈련된 조사자가 도와 설문지를 완성하게 하였다. 또한 개인별로 설문조사를 마친 후 인터뷰를 통해 사업과 관련한 다양한 의견을 청취하였다. 설문지는 51부를 회

---

19) 설문조사에는 연구자와 전남대학교 지리학과 학생 4명이 참여하였다.

수하여 이 중 조사에 부적합한 6부를 제거하고 총 45부를 최종분석에 사용하였으며 자료에 대해서는 SPSS 10.0 통계 패키지 프로그램을 이용해 주로 수량화 분석을 실시하였다.

2) 마을 주민의 인구 통계적 특성

마을 주민을 대상으로 한 조사에서 일반적인 특성을 성별, 연령, 거주연수, 마을직책(복수응답) 등으로 구분하여 빈도분석을 실시한 결과는 다음과 같다.

〈표 4-10〉 주민의 인구 통계적 특성

(단위: 명, %)

구 분		빈 도	비 율
성 별	남자	33	73.3
	여자	12	26.7
연 령	20대	1	2.2
	30대	7	15.6
	40대	16	35.6
	50대	5	11.1
	60대	7	15.6
	70대 이상	9	20.0
거주기간 (년)	태어나서부터	17	37.8
	5년 미만	1	2.2
	5~10년	3	6.7
	11~20년	8	17.8
	21~30년	5	11.1
	31년 이상	11	24.4
마을 직책 (복수응답)	마을 이장	5	11.1
	마을 지도자	3	6.7
	부녀회장	3	6.7
	청년회장	4	8.9
	친목계 등의 회장	1	2.2
	노인회장	1	2.2

구 분		빈 도	비 율
마을 직책 (복수응답)	체험마을 추진위원장	1	2.2
	기타	5	11.1
	맡은 적 없다	30	66.7

자료: 주민 설문조사

　　먼저 설문 응답자의 성별을 살펴보면, 남자가 33명(73.3%), 여자가 12명(26.7%)으로 남자가 많았다. 연령은 20대 1명(2.2%), 30대 7명(15.6%), 40대 16명(35.6%), 50대 5명(11.1%), 60대 7명(15.6%), 70대 이상이 9명(20.0%)으로 나타났으며 최소 29세에서 최대 79세로 전체 평균연령은 52.4세로 나타났다. 또한 3～50대 청장년층은 62.3%로 나타났는데 이러한 결과는 설문조사를 주로 청년회원을 위주로 하였기 때문이며 그 이유는 과소화와 노령화로 녹색농촌 체험마을 사업을 이끌어 갈 인적 자원이 부족한 상황에서 청장년층의 의식이 중요하다고 판단했기 때문이다.

　　거주연수는 태어나서부터 17명(37.8%), 5년 미만 1명(2.2%), 5～10년 3명(6.7%), 11～20년 8명(17.8%), 21～30년 5명(11.1%), 31년 이상 11명(24.4%)으로 나타나 대체적으로 원주민이 많은 편이며 마을로의 전입 인구는 거의 없음을 알 수 있다. 마을 직책의 경험 여부를 복수응답으로 질문한 결과 마을 이장직 등 15명(33.3%)이 직책을 경험하였으며 30명(66.7%)은 직책경험이 없는 것으로 나타났다.

3) 마을을 대표하는 이미지(어메니티 자원)

　　주민들에게 마을을 대표하는 이미지는 무엇인가 질문한 결과, 호박이라고 응답한 주민이 48.9%(22명)로 가장 많았으며 다음으로는 이청준 생가라고 18명(40.0%)이 응답하였다.

<표 4-11> 주민이 생각하는 마을의 대표 이미지(어메니티 자원)

구 분	빈도(명)	구성비(%)
호 박	22	48.9
이청준 생가	18	40.0
진목교회	4	8.9
서당터	1	2.2
전 체	45	100.0

자료: 주민 설문조사

4) 녹색농촌 체험마을 사업의 목표 인식

주민들은 녹색농촌 체험마을 사업의 목표에 대해 농산물 판로 개척 및 신규 소득 작목을 개발하는 것으로 사업 목표를 이해(68.9%)하는 비율이 높았으며, 마을의 기반시설 정비와 개선으로 답한 빈도는 8.9%로 가장 적게 나타났다(<표 4-12> 참조).

<표 4-12> 주민이 생각하는 녹색농촌 체험마을 사업의 목표

구 분	빈도(명)	구성비(%)
마을의 기반시설 정비와 개선	4	8.9
마을의 농촌다운 모습 유지 및 보존	5	11.1
농산물 판로 개척 및 신규 소득 작목 개발	31	68.9
도시민 위한 여가 휴양시설 조성	5	11.1
전 체	45	100.0

자료: 주민 설문조사

5) 사업에 대한 주민참여 태도와 세부 사업내용의 결정 방식

주민들은 녹색농촌 체험마을 사업 참여의 가치에 대해 긍정적 답변이 높게 나타났다. 주민참여가 가장 효과가 큰 방법이라는 응답이 73.3%로 가장 높게 나타났다. 그러나 주민들이 참여하면 일 진행이 느리니까 마을 대표 몇 명의 주도로 하는 것이 낫다는 의견도 17.8%로 나타났다(<표 4-13> 참조).

마을의 중요 의사가 어떻게 결정되는지 마을 주민에게 질문한 결과, 의견이 다른 주민들이 자유롭게 토론하여 합의가 안 되면 마지막에 표결로 정한다는 의견과 주민 다수 의견보다는 영향력 있는 몇 명의 결정에 따라 마을일이 이루어진다는 의견이 각각 46.7%를 차지했다. 반면 소수 의견을 자유롭게 얘기할 분위기가 아니라서 그냥 주민 다수 의견대로 결정된다는 의견은 소수에 그쳤다(6.7%).

〈표 4-13〉 주민참여 태도와 사업내용의 결정 방식

구 분		빈도(명)	구성비(%)
사업에 대한 주민참여 태도	실제 이익을 얻을 사람이 주도함	1	2.2
	마을 대표 몇 명이 주도함	8	17.8
	효율이 낮더라도 주민이 함께해야 함	3	6.7
	주민참여가 가장 효과 큰 방법임	33	73.3
세부 사업내용의 결정 방식	자유롭게 토론하고 표결로 정함	21	46.7
	소수의견보다는 주민 다수의견대로 결정	3	6.7
	영향력 있는 몇 명의 결정에 따름	21	46.7

자료: 주민 설문조사

6) 사업 단계별 주민참여 실태

(1) 사업진행에 대한 주민인식 시점과 선정 시 주민 입장(착수단계)

녹색농촌 체험마을 사업 진행에 대한 인지 시점에 대해 질문한 결과 사업대상 마을로 선정되고 나서 주민 의견을 수렴할 때 알았다는 응답이 55.6%로 나타나 사업대상 마을로 선정되기 전부터 알았다는 응답(44.4%)보다 높게 나타났다. 녹색농촌 체험마을 사업 선정 시 주민의 입장을 질문한 결과 찬성했다는 의견이 80.0%로 나타난 반면, 반반이었다는 응답은 20.0%로 나타났다(〈표 4-14〉 참조).

<표 4-14> 사업 진행에 대한 주민인식 시점과 선정 시 주민 입장

구 분		빈도(명)	구성비(%)
주민인식 시점	사업대상 마을로 선정되기 전부터 인식	20	44.4
	사업대상 마을로 선정된 후 인식	25	55.6
	현재도 모름	0	0.0
주민 입장	찬성했음	36	80.0
	반대했음	0	0.0
	반반임	9	20.0

자료: 주민 설문조사

(2) 사업 관련 마을회의 참석 여부 및 주민참여 활동(계획단계)

녹색농촌 체험마을 사업 계획 단계에서 마을회의에 참석 여부를 묻는 질문에 응답자의 88.9%가 되도록 참석했거나 빠지지 않고 참석했다고 답하고 있다. 녹색농촌 체험마을 사업을 계획하는 과정에서 마을회의 참석 이외에 주민참여가 높았던 활동으로는, 주민교육을 받음(84.4%), 다른 마을 견학을 다녀옴(73.3%), 설문조사에 응함(51.1%)을 들 수 있다. 그러나 개인적인 의견을 제시했다(40.0%), 새로운 사업 아이디어를 제시했다(22.2%) 등 보다 적극적인 참여활동을 했다는 주민은 상대적으로 적은 것으로 나타났다(<표 4-15> 참조).

<표 4-15> 사업 관련 마을회의 참석 여부 및 계획단계 주민참여 활동

구 분		빈도(명)	구성비(%)
마을회의 참석 여부	마을회의에 참석하지 않음	0	0.0
	되도록 참석함	4	8.9
	빠지지 않고 회의에 참석함	36	80.0
	마을회의가 열리는 것을 모름	3	6.7
	기 타	2	4.4
구 분		빈도(예)	빈도(아니오)
계획단계 주민참여 활동	다른 마을에 견학을 다녀옴	33(73.3)	12(26.7)
	사업의 일환으로 이루어진 주민교육을 받음	38(84.4)	7(15.6)
	계획 수립의 일환으로 이루어진 설문조사에 응함	23(51.1)	22(48.9)
	마을 대표나 공무원에게 개인적인 의견을 제시함	18(40.0)	27(60.0)
	원래 계획에 없던 새로운 사업 아이디어를 제시함	10(22.2)	35(77.8)

자료: 주민 설문조사

(3) 사업 진행단계 주민 역할 및 사업 시작에 대한 주민의견(진행단계)

녹색농촌 체험마을 사업 진행단계에서 마을을 위해 어떤 역할을 하시겠느냐는 질문에 계획을 세울 때 마을에 얽힌 역사나 자원 등에 관한 정보를 제공하겠다는 의견이 57.8%로 가장 높게 나타났다.

〈표 4-16〉 사업 진행단계 주민 역할 및 사업 시작에 대한 주민의견

(단위: 명, %)

	구 분	빈도(예)	빈도(아니오)
사업 진행단계 주민 역할	마을에 얽힌 역사나 자원 등에 관한 정보 제공	26(57.8)	19(42.2)
	마을 가꾸기에 직접 나섬	21(46.7)	24(53.3)
	사업에 필요한 토지 제공	3(6.7)	42(93.3)
	마을 조경에 필요한 자원 기증	5(11.1)	40(88.9)
	주택의 지붕, 담장, 마당 등을 가꾸고 개량	8(17.8)	37(82.2)
	건물을 지을 때 노동력 제공	7(15.6)	38(84.4)
	공사 과정 감독 및 의견 제시	6(13.3)	39(86.7)
	구분	빈도(명)	구성비(%)
사업 시작에 대한 주민 의견	사업을 벌이기를 잘 했다는 생각이 듦	41	91.1
	사업을 하지 않는 편이 낫겠다는 생각이 듦	1	2.2
	사업을 하나 안 하나 별 차이가 없을 것임	3	6.7

자료: 주민 설문조사

청소, 나무나 꽃 심기 등 마을 가꾸기에 직접 나서겠다는 의견이 46.7%로 나타났으나 사업에 필요한 토지를 제공하겠다거나 공사 과정을 감독하고 내 의견을 제시하겠다는 등 적극적인 역할을 하겠다는 의견은 소수에 머물렀다.

사업이 시작되는 시점에서 녹색농촌 체험마을 사업에 대해 어떻게 생각하시느냐는 질문에 사업을 벌이기를 잘했다는 생각이 든다는 응답이 91.1%로 가장 높게 나타나 사업에 대한 주민들의 기대가 매우 높음을 알 수 있다 (〈표 4-16〉 참조).

(4) 사업 운영단계 주민참여 활동(운영단계)

녹색농촌 체험마을 사업 운영과 관련해서 계획하는 일을 질문한 결과 마을 공동시설 관리에 참여한다(80.0%)가 가장 높게 나타났다.

(단위: 명, %)

구 분	빈도(예)	빈도(아니오)
민박이나 숙박시설 운영	10(22.2)	35(77.8)
방문객에게 음식 판매	18(40.0)	27(60.0)
마을 공동시설 관리 참여	36(80.0)	9(20.0)
방문객에게 농산물 판매	35(77.8)	10(22.2)
농사체험 위한 체험농장 운영	26(57.8)	19(42.2)
마을 인터넷 홈페이지 운영 도움	17(37.8)	28(62.2)
사업 위한 주민조직 운영 참가	29(64.4)	16(35.6)

자료: 주민 설문조사

방문객에게 농산물을 판매하겠다(77.8%), 사업 추진을 위한 주민조직의 운영에 참가한다(64.4%), 도시민들이 농사 체험을 하도록 체험농장을 운영한다(57.8%) 순으로 나타났다. 그러나 상대적으로 민박이나 숙박시설을 운영하겠다는 의견은 22.2%에 불과했다(〈표 4-17〉 참조).

7) 녹색농촌 체험마을 사업 참여 이유

녹색농촌 체험마을 사업에 참여하는 이유를 질문한 결과, 소득 증대에 직접적으로 도움이 되기 때문에(46.7%), 소득 증대에 직접적인 도움은 안 되지만 마을 일에 참여하는 것이 보람이 있어서(35.6%), 지금 당장은 별로 도움이 안 되지만 언젠가는 효과가 있으리라 생각해서(13.3%), 별로 도움은 안 되지만 나 혼자만 빠질 수 있는 분위기가 아니어서(4.4%) 순으로 나타났다(〈표 4-18〉 참조).

〈표 4-18〉 녹색농촌 체험마을 사업 참여 이유

구 분	빈도(명)	구성비(%)
소득 증대에 직접적 도움	21	46.7
미래 효과를 위해	6	13.3
참여의 보람이 있어서	16	35.6
혼자만 빠질 분위기가 아니어서	2	4.4

자료: 주민 설문조사

8) 녹색농촌 체험마을 사업 후 마을에 나타날 영향 인식

녹색농촌 체험마을 사업이 이루어진 후 마을에 나타날 긍정적 영향은 무엇이냐는 질문에 마을을 찾는 방문객들이 예전보다 늘어날 것이다(91.1%), 마을의 모습이 깨끗해지고 아름답게 변할 것이다(91.1%), 마을이 유명해지고 외부에 많이 알려질 것이다(88.9%), 주민들이 전보다 마을 일에 관심을 갖고 나설 것이다(84.4%) 순으로 나타났다. 마을의 땅값이 전반적으로 올라갈 것이라는 응답이 17.8%로 가장 낮게 나타나 사업과 부동산 가치의 변동과는 큰 관련이 없을 것으로 생각하고 있다.

녹색농촌 체험마을 사업의 결과 마을에 나타날 부정적인 영향에 대해 질문한 결과 대체적으로 낮게 응답하였는데 마을을 찾는 방문객이 늘어 일거리만 생길 것이라는 응답이 31.1%로 가장 높게 나타났으며, 이익이 몇몇 주민에게만 돌아갈 것이라는 응답은 17.8%로 나타났다(〈표 4 - 19〉 참조).

〈표 4-19〉 녹색농촌 체험마을 사업 후 마을에 나타날 영향 인식

구 분		빈도(명)	구성비(%)
긍정적 영향	마을을 찾는 방문객 증가	41	91.1
	마을의 땅값이 전반적으로 상승	8	17.8
	공동시설 개선으로 생활 편리	27	60.0
	주민들의 마을 일에 대한 관심 증대	38	84.4
	마을의 모습이 아름답게 변함	41	91.1
	집을 새로 짓고 고치는 등 각종 개발행위 증가	32	71.1
	마을이 대외적으로 유명해지고 알려짐	40	88.9
부정적 영향	주민 간 갈등 증폭	3	6.7
	새로 조성한 시설이 마을과 부조화	2	4.4
	숙박시설과 음식점의 과도한 증가	5	11.1
	마을방문객 증가로 일거리만 증가	14	31.1
	이익이 몇몇 주민에게만 돌아감	8	17.8

자료: 주민 설문조사

9) 주민참여 활성화 방안

녹색농촌 체험마을 사업에 더 많은 주민이 참여토록 하는 방안을 질문한 결과, 주민 교육, 다른 잘되는 마을 견학 등의 기회를 더욱 늘린다는 의견이 71.1%로 가장 높게 나타났다.

〈표 4-20〉 녹색농촌 체험마을 사업 주민참여 활성화 방안

구 분	빈도(명)	구성비(%)
교육, 견학 기회 확대	32	71.1
사업 참여자에게 금전적 보상	7	15.6
예산 집행, 공사 감독 등 재량권 확대	0	0.0
순번을 정해서 일을 맡김	4	8.9
실제 이익을 볼 사람이 주도	0	0.0
기 타	2	4.4

자료: 주민 설문조사

다음으로 녹색농촌 체험마을 사업에 참여하는 사람에게는 금전적인 보상을 해 준다(15.6%), 마을 공동의 일이니까 모두가 참여할 수 있도록 순번을 정해서 일을 맡긴다(8.9%) 등으로 나타났다(〈표 4-20〉 참조).

2. 주민참여의 특징

진목마을 주민을 대상으로 주민참여를 설문조사한 결과 다음과 같은 특징을 도출할 수 있었다. 첫째, 진목마을 주민이 생각하는 마을의 대표 이미지는 호박으로 나타났다. 못생긴 호박축제를 통해 얻은 인지도와 함께 마을 주민들도 호박을 통한 마을발전의 기대를 가지고 있는 것으로 판단할 수 있다. 한편 문학 지망생과 동호인들이 꾸준히 마을의 이청준 생가를 방문하고 있는데 그에 따른 문학마을의 이미지를 효율적으로 활용하면서 호박과 문학을 연계 활용하는 차별화된 공간 및 프로그램 전략이 필요한 것으로 나타났다.

둘째, 녹색농촌 체험마을 사업의 목표를 농산물 판로 개척 및 신규 소득 작목 개발로 인식하는 의견이 가장 높게 나타나 이 사업에 대해서 농촌관광 마을 만들기의 궁극적인 목표와 그에 따른 방법론 등 인식의 전환이 필요한 것으로 나타났다.

셋째, 사업 추진에 대한 주민참여 태도는 주민참여가 가장 효과가 큰 방법이라는 응답이 가장 높게 나타났으나 마을 대표 몇 명이 주도하면 된다는 의견도 일부 제시되어 마을 주민 모두가 공동체로서의 '마을'을 인식하고 공동작업 속으로 이끌어 내는 것이 관건이라 할 수 있다.

넷째, 사업 참여 이유에 있어서 소득 증대에 직접적으로 도움이 되기 때문이라는 응답이 가장 많았으나 농촌관광마을의 성과가 당장 나타나는 것이 아니기 때문에 마을 주민들이 장기적 관점에서 기다리는 여유와 함께 추진 위와 마을사무장은 사업 초기에 소규모라도 주민들에게 이익이 돌아갈 수 있는 사업의 발굴 및 실행이 요구된다.

다섯째, 사업단계별 주민참여 활동에 있어서는 좀 더 적극적인 참여와 역할이 요구된다. 마을 대표나 자문단에게 개인적인 의견을 제시한다거나 새로운 사업 아이디어를 제시하는 것이 그것이다. 또한 민박이나 숙박시설의 운영도 장기적 관점에서 검토되어야 할 사항으로 나타났다.

여섯째, 사업 후 마을에 나타날 영향으로 마을의 땅값이 전반적으로 상승할 것이라는 점만 빼고는 전반적으로 긍정적인 영향을 예측했으며, 부정적인 영향에 대해서는 대체적으로 낮게 응답하였다. 따라서 일부 사업에 부정적 견해를 가지고 있거나 방관자적 입장을 취하는 마을 주민들에 대한 주민교육을 통한 참여의식 고취가 시급한 과제로 밝혀졌다.

일곱째, 주민참여 활성화 방안으로는 교육, 견학 기회 확대가 가장 높게 나타나 사업을 통한 마을 발전을 위해서는 지속적인 교육과 전문가의 의견, 관계기관의 관심과 지원 등이 필요하다. 특히 농사만 짓고 살았던 주민들에게 외부방문객을 맞이할 수 있는 서비스교육과 마인드를 심어 주는 주민교육이 매우 중요하며 주민의 능력개발과 무엇보다도 마을 주민 스스로가 일어설 수 있는 동기부여가 매우 중요함을 알 수 있다.

3
농촌관광마을 만들기의 효과

1. 장흥 못생긴 호박축제 분석

1) 축제의 개념 및 현대적 의미

원래 축제란 단어는 사람(儿)이 말(口)로 신에게 기원하는 것(示)을 형상화한 글자인 축(祝)과 제물(肉)을 손(手)으로 제상(示)에 놓는 모습을 형상화한 제(際)가 결합한 단어이다. 즉, 현실세계의 한계에 직면하거나 보다 나은 생활을 추구하기 위한 인간들이 그들의 소원을 성취하고자 꾸민 인위적인 마당이 축제인 것이다(오순환, 1999). 오늘날의 축제 양상을 보면 종교적인 관련성보다는 놀이나 여가의 의미로서 그 맥을 이어 가고 있다. 또한 새로 생겨나는 축제들은 전통문화에 뿌리를 두기보다는 지역사회의 문화적, 경제적인 면과 관련성을 갖고 있다.

또한 전형적인 지역축제는 주민들의 애향심을 고취하고 더불어 공동체 의식을 함양하기 위해 내부지향적 축제로 기획 및 연출되는 것이 원칙이나 최근 탄생하는 대부분의 신생축제들은 지역이미지를 외적으로 고양시키면서 외부와의 교류를 통해 지역경제 발전을 꾀하려는 외부지향적 축제의 특징이 강하게 나타나고 있다. 즉, 대부분의 신생축제가 지역주민의 공동체 의식 함

양 등의 본질적 가치보다는 축제를 통한 자기과시 또는 경제효과 창출이라
는 수단적 가치를 우선하고 있는 것이다(오순환, 2007: 18 - 26).

<표 4 - 21> 마을 고유 축제 현황

지역명	마을명	마을고유축제
경 기	양평군 청운면 신론리 마을	청운향토마을축제
	양평군 양평읍 양수1리	배꽃축제, 앵두/보리수 축제
	이천시 율면 부래미 마을	부라보 부래미 축제 및 사생대회
강 원	강릉시 주문진읍 장덕2리	복사꽃 축제, 허수아비축제
	고성군 간성읍 소똥령 마을	소똥령 봄꽃축제
	양양군 양양읍 어성전2리 탁장사 마을	탁장사놀이
	인제군 인제읍 미산 마을	방태산 고로쇠축제
	정선군 정선읍 낙동2리	백이산 산나물축제, 백이산 등반대회, 낚시대회, 여름밤음악축제
	정선군 정선읍 용탄마을	산나물 뜯기 대회, 가리왕산 산악마라톤, 정선아리랑축제
충 남	아산시 송악면 외암리	짚풀문화제, 장승제
	예산군 신양면 해바라기 마을	허수아비축제
	청양군 대치면 상갑리 가파 마을	고추 먹고 맴맴 고향의 꿈 축제
	태안군 이원면 볏가리 마을	볏가리대놀이
전 북	진안군 동향면 능길 마을	오리입식축제, 허수아비축제
전 남	장흥군 회진면 진목 마을	못생긴 호박축제
경 북	봉화군 명호면 비나리 마을	이나리강변축제, 비나리산골미술축제
경 남	마산시 진전면 미천 마을	대추축제
	남해군 가천면 다랭이 마을	다랭마을 다랭이 논 축제

자료: 박재철 외, 2006을 바탕으로 필자 재작성[20]

이렇듯 오늘날 축제에 관한 정의는 다의적으로 해석되고 있는데 축제는 인
간성 회복과 지역공동체의 일원으로서의 소속감 형성을 재확인하고 일상생활
에 있어서 새로운 힘과 흥겨움을 돋우어 주는 역할을 하고 있다고 할 수 있다.
다시 말해 축제는 생활공동체 구성원들이 노동과 속박에서 벗어나 풍요를 신
에게 기원하며 벌이는 제의이면서 동시에 춤과 노래를 통해 자연스럽게 감정
을 털어놓는 놀이마당 잔치라고 할 수 있다(이정록·안종현, 2004: 643 - 44).
'마을축제'는 원래 '마을굿'으로 통하던 것이다. 그런데 그 전통은 사라지

---

20) 박재철·송광인·박천창·김현욱·심재건·이기봉, 2006, op. cit., pp.113～114.

고, 굿이라면 무당들의 굿거리로만 인식하고 있는 현실이다. 그러나 본고에서 얘기되는 마을축제는 그런 굿거리와는 전혀 다른 의미이며 서양의 '카니발'이나 일본의 '오마쯔리' 그리고 우리나라의 지역축제 등과 병행해서 그 뜻을 음미하면 무리가 없겠다. 마을축제란 한 마을을 중심으로 이루어지는 제(祭)를 뜻하는 것인데 신앙적인 제의(祭儀)와 예술적인 무악(舞樂)의 군중놀이를 합친 뜻으로 축제라고 부른다. 신앙 면에 있어서 마을축제는 어느 특정 고등종교가 지배하고 있는 것이 아니라 마을의 풍농·풍어, 동민들의 장수강녕, 재앙태축 등 평범한 민간의 믿음이 주축이 되어 있다(노승대 외, 1993: 3).

그러나 오늘날 마을 단위에서 행해지는 마을축제는 궁극적으로 마을을 알리고 도시민을 유치하여 각종 농촌의 체험활동과 농산물 판매 등을 통해 농외소득을 올리자는 데 그 의미가 있다. 고도산업사회로 진행되어 가는 즈음 마을에서 귀속감을 갖고 공동체 의식을 배양하고 마을 알리기의 수단으로 활용할 수 있는 마을 단위의 축제는 내적으로는 마을 공동체 구성원들의 일체감 형성에 도움을 줄 수 있으며, 외적으로는 마을 알리기를 통한 관광객 증가로 인한 마을 소득의 증대를 기대할 수 있을 것이다.

이정록(2005)은 마을 단위에서 행해지는 소규모 이벤트는 처음부터 관광객을 대상으로 시작된 것이 아니라 마을 주민들의 꿈과 희망을 실현하기 위한 공동체 의식의 함양을 목적으로 실행되는 경우가 많다고 하면서 이런 경우에는 주민들의 적극적인 참여와 자원봉사를 통해 고유한 마을축제로 발전된다고 하였다.

한편 전통적 공동체 의식을 기반으로 하지 않는 인위적인 소재를 활용한 마을축제일지라도 체험거리와 볼거리가 풍부하고 콘텐츠가 알차다면, 마을축제는 마을에 새로운 활력을 불어넣어 줄 원동력이 될 수 있을 것이다. 더불어 마을축제를 통한 효과를 극대화하기 위해서는 마을에서는 축제의 테마로서 주민 모두가 공감하는 마을소재를 발굴하여야, 마을 주민의 자발적 참여가 이루어지고, 그에 따른 결속력 강화가 이루어질 것이다.

또한 현재 전국적으로 너무 많은 축제가 문제점으로 지적되고 있긴 하지만, 이것은 시군구 단위의 기초단위 축제통계이므로 농촌관광과는 별개로 봐야 할지는 더 논의해 봐야 하며 농촌마을의 마을축제는 도시민과 마을 주민의 좀 더 밀접한 관계를 위해 꼭 규모의 경제를 동반한 축제의 개념보다는 마을행사와 같이 농촌관광의 재미와 밀접도를 높여 주기 위한 문화콘텐츠로 개발해야 할 필요가 있다(박재철 외, 2006: 114).

2) 장흥 못생긴 호박축제 개요

일명 호박나라로 이름이 알려져 있는 진목마을에는 집집마다 못생긴 호박이 커 가고 있는데 국내 최대 종류의 못생긴 호박이 총출동하여 가히 호박나라를 연상할 수 있다. 마을은 2004년에 장흥군 생태체험마을로 지정받은 후 2005년도에 전국 최초로 못생긴 호박축제를 성공적으로 개최하여 2006년도 농림부의 녹색농촌 체험마을로 지정되었다. 호박나라 진목마을에서 개최되는 '장흥 못생긴 호박축제'는 세계 5대양 6대주를 대표하는 150여 종의 관상호박과 식용이 가능한 미니 밤호박 등이 식재되어 생태체험관광과 농가소득 증대를 도모하기 위해 마을 주민이 직접 개최하는 축제로 축제기간 중 신데렐라의 동화책에서나 볼 수 있는 호박마차를 직접 타 볼 수 있으며 신데렐라 의상을 입고 호박터널을 거닐 수 있다.

그 밖에 150여 종의 호박전시회, 호박 쌓아 보기, 호박터널길(600m) 체험하기, 호박 그림 그리기, 호박 족욕, 이청준 생가(문학탐방 '눈길') 답사, 호박 가공품 시식 및 시연회 등 다양한 이색 체험을 관광객과 함께 진행한다. 호박을 이용한 음식 시식 및 시연회에서는 호박수제비, 호박국수와 미니 밤호박 요리, 호박막걸리, 호박식혜, 호박튀김, 호박찜, 약밥찜 등 호박을 가미한 독특한 음식을 맛볼 수 있으며 호박 분말을 상품화하여 다양하게 식생활에 사용할 수 있도록 하였다. 또한 초대형 호박을 비롯해 늙은 호박, 십손이 호박, 맷돌 호박과 같이 손쉽게 접할 수 없는 다양한 호박들도 만날 수 있어 새로운 볼거리를 제공하고 있어 마을축제를 활용해 농촌관광마을을 만들고 있는 대표적인 사례로 꼽히고 있다.

7월 5일부터 8월 27일까지 펼쳐지는 테마축제에서는 매주 토·일요일 '못생긴 호박을 찾아라', '못생긴 호박 선발대회', 호박 미니페스티벌 등의 이벤트 행사가 장흥 토요시장에서 펼쳐진다. 특히 호박축제 기간 중에 호박나라 진목마을 각 가정에서 재배한 호박을 대상으로 '2006 장흥 못생긴 호박 선발대회'와 결혼 50주년 부부에게 기념될 수 있는 금혼식을 진행하여 마을만이 가지고 있는 특색 있는 것을 보여 줄 예정이다.

지속적인 호박 판매를 위해 오는 7월 19일부터 8월 27일까지 농협 성남점을 시작으로 농협 순천점, 농협 목포점에 이르는 전국 투어 미니페스티벌을 계획하고 있으며 호박나라 홈페이지 www.jinmok.com를 통해 구입할 수도 있다. 호박나라 축제가 끝나도 8월 27일까지 매 주말마다 호박체험 프로그램이 계속된다.

못생긴 호박축제는 진목마을 주민을 중심으로 마을에서 이루어지는 마을축제로서 2005년에 처음 시작되었고, 올해 제3회 장흥 못생긴 호박축제는 7월 13일(금)부터 7월 15일(일)까지 3일간 마을 현지에서 개최되었다. 시기적으로 해마다 태풍과 장마 때문에 행사에 크고 작은 영향이 되어 왔으나 다행히 올해는 행사 첫날만 제외하고 이틀간 태풍이 비껴 나가 수천 명의 방문객이 내방하였다.

장흥 못생긴 호박축제는 지자체 주최가 아닌 마을 주민이 주도하여 성공적으로 개최하였다는 데 그 의미가 크다고 할 수 있다. 장흥 못생긴 호박축제는 호박을 테마로 한 체험·체류형 농촌관광마을 조성, 친환경 웰빙이미지 구축과 농특산물 판매를 통한 소득 증대 등을 목적으로 개최되었다. 또한 장흥 못생긴 호박축제는 방문객들이 함께 참여할 수 있는 체험거리, 먹을거리, 볼거리, 살 거리 등 다양한 프로그램으로 구성되었다(〈표 4-22〉참조).

지금까지 2회 개최된 장흥 못생긴 호박축제의 성과를 봤을 때 경제적 측면에서는 투입 대비 수입이 없다는 평가를 내리는 반면 호박을 테마로 한 마을의 홍보와 이미지 구축 측면에서는 긍정적인 효과를 미친 것으로 분석하고 있다. 특히 축제와 관련하여 언론매체(TV, 라디오, 신문, 잡지 등)를 통한 홍보도 수십 회에 걸쳐 이루어졌다. 또한 전국 최초로 호박을 테마로 열린 축제로서 많은 관심 속에서 홍보에 성공한 것으로 평가되고 있다. 또한 성남과 목포, 순천 등의 농협하나로마트에서 미니호박페스티벌을 개최하면서 호박을 직거래로 판매하기도 하였다.

〈표 4-22〉 장흥 못생긴 호박축제 개요

주 최	장흥 못생긴 호박축제 추진위원회
후 원	농림부, 전라남도, 장흥군, 회진면 사회단체
기 간	2007. 7. 13~7. 15(3일간)
장 소	장흥군 회진면 호박나라 진목마을
주 제	신데렐라와 함께 떠나는 호박나라 체험여행
전시행사	못생긴 호박 품평회 및 시상식 세계 각국 호박 전시회 호박나라 영상물 상영
체험행사	호박마차 타기, 신데렐라체험, 호박족욕체험 호박터널 걷기, 호박 얼굴 마사지 백년역사 진목교회 답사 등
이벤트	정남진 장흥에서 못생긴 호박을 찾아라! 호박나라 진목마을 '못생긴 호박 선발대회' 호박나라 전통혼례식 호박 이름 짓기 행운권 추첨
먹을거리 장터	호박수제비, 호박식혜, 호박튀김, 약호박찜 호박막걸리, 호박죽, 호박즙, 호박분말 단호박 아이스크림, 호박상품 판매 등

자료: 제3회 장흥 못생긴 호박축제 내부자료, 2007.

올해로 제3회(2007년) 축제를 준비하고 있는 진목마을은 마을 주민이 주도적으로 개최하는 마을축제로서 도시민을 유인하여 마을을 알리고 호박 등 농산물을 판매하여 마을 소득을 증대하는 등 대규모 예산과 인력을 투입한 축제가 아닌 마을차원에서 개최되는 소규모 마을축제라는 점에서 향후 그 가능성이 주목된다.

3) 방문객 방문행태 및 만족도 분석

본 연구는 농림부에서 추진 중인 녹색농촌 체험마을 사업에 선정되어 조성된 농촌관광마을에서 마을 주민이 주도적으로 개최하고 있는 '장흥 못생긴 호박축제'를 사례로 방문객이 느끼는 농촌관광 선호 및 마을축제 방문행태와 만족도를 알아보았다. 특히 도농교류를 포함하여 농촌관광을 통해 얻을 수 있는 편익이 무엇인가를 알아보고 아울러 최대 농촌관광 시장인 수도권으로부터 시간적, 공간적으로 이격되어 있는 전남의 농촌관광마을을 통해 농촌관광의 가능성을 구체적으로 분석하고 제시하는 것이 본 연구의 주요 목적이다.

(1) 연구방법 및 자료

본 연구의 목적 달성을 위해서 분석은 다음과 같이 이루어졌으며 설문조사[21]는 마을 주민을 포함하여 장흥군민을 제외한 외지방문객만을 대상으로 2007년 7월 15일(일) 하루간[22] 마을현지에서 실시하였다. 먼저, 측정변수는 리커트 5점 척도로 구성되었으며 설문항목의 구성은 외지방문객이 인식하는 도농교류를 포함한 농촌관광의 편익, 가족의 구성을 포함한 인구 통계적 특성, 방문행태, 전반적 만족도 및 재방문, 추천의도 등으로 구성되었다.

설문은 자기 기입식(self-administered) 설문지로 응답자들에게 제시되었으며, 설문조사를 마친 후 인터뷰를 통해 농촌관광마을과 마을축제와 관련한 다양한 의견을 청취하였다. 설문지는 106부를 회수하여 이 중 조사에 부적합한 9부를 제거하고 총 97부를 최종분석에 사용하였으며 자료에 대해서는 SPSS 12.0 통계 패키지 프로그램을 이용해 주로 빈도분석을 통한 수량화 분석을 실시하였다.

---

21) 설문조사에는 연구자를 포함하여 전남대학교 지리학과 학부생 4명이 참여하였다.
22) 내붕 '마니'의 영향으로 부득이 축제 전 일간 조사에는 한계가 있었다.

(2) 방문객의 인구 통계적 특성

방문객의 인구 통계적 특성을 성별, 결혼 여부, 가족구성, 직업, 거주지, 연령, 학력 등으로 구분하여 빈도분석을 실시한 결과는 다음과 같다.

〈표 4-23〉 방문객의 인구 통계적 특성

(단위: 명, %)

구 분		빈 도	비 율	구 분		빈 도	비 율
성 별	남 성	48	50.0	거주지	서 울	5	5.2
	여 성	48	50.0		경 기	10	10.4
결혼 여부	미 혼	10	10.5		경 남	1	1.0
	결 혼	85	89.5		전 북	1	1.0
가족구성	자녀없음	14	14.3		전남(장흥 외)	42	43.8
	유아~초등6학년	47	48.0		부 산	1	1.0
	중1~대학	25	25.5		대 전	1	1.0
	학생자녀 없음	12	12.2		광 주	35	36.5
직 업	학 생	4	4.2	연 령	10대	3	3.1
	사무행정직	13	13.5		20대	7	7.3
	전문직	18	18.8		30대	39	40.6
	생산직	4	4.2		40대	30	31.3
	주 부	25	26.0		50대	13	13.5
	자영업	18	18.8		60대 이상	4	4.2
	서비스직	4	4.2	학 력	고졸 이하	35	36.8
	공무원	7	7.3		전문대졸	17	17.9
	무 직	1	1.0		대졸 이상	43	45.3
	기 타	2	2.1				

자료: 설문조사

먼저 설문 응답자의 성별을 살펴보면, 남성과 여성이 각각 48명(50%)으로 같은 비율을 차지했다. 결혼 여부에 있어서는 결혼이 85명(89.5%)으로 미혼 10명(10.5%)보다 압도적으로 높게 나타났다. 가족구성은 유아~ 초등 6학년 이 있다는 응답이 47명(48.0%)으로 가장 높게 나타났으며, 자녀가 없다는 응답은 14명(14.3%)에 불과했다. 직업별로 보면, 주부가 25명(26.0%)으로 가장 높게 나타났으며, 전문직과 자영업이 각각 18명(18.8%)으로 뒤를 이었다. 거주지는 장흥 외 전남이 42명(43.8%)으로 가장 높은 비율을 보였으며, 광

주는 35명(36.5%)으로 나타났다. 서울 5명(5.2%), 경기 10명(10.4%)으로 나타나 원거리인 수도권에서도 15.6%가 참여한 것으로 나타났다. 연령은 30대 39명(40.6%), 40대 30명(31.3%), 50대 13명(13.5%) 순으로 나타나 30대 이상 연령층이 전체의 89.6%로 나타났다. 학력을 보면, 대졸 이상 43명(45.3%), 고졸 이하 35명(36.8%), 전문대졸 17명(17.9%) 순으로 나타났다.

이러한 인구 통계적 특성의 결과를 종합해 보면, 진목마을을 방문한 농촌관광 참가자들의 가장 보편적 형태는 주로 결혼을 하고, 유아~초등 6학년의 자녀를 두고 있으며, 주부와 전문직·자영업에 종사하면서, 장흥 외에 전남과 광주에 거주하는 30대 이상의 대졸 이상 고학력자층임을 알 수 있다(〈표 4 - 23〉 참조).

(3) 방문객의 관광행태적 특성

표본의 관광행태적 특성을 살펴보면 못생긴 호박축제 방문목적에 '관광 및 여행과 겸해서'가 31명(32.3%)으로 가장 높게 나타났으며, '다양한 체험행사 참가 등 축제분위기 즐김'이 뒤를 이었으며, 반면, '호박 등 마을 농산물을 구입하기 위해서'는 1명(1.0%)으로 가장 낮게 나타났다.

못생긴 호박축제를 어떤 경로를 통해 알게 되었는가를 질문한 결과, 'TV·라디오 등 방송매체'라고 응답한 비율이 33명(34.4%)으로 가장 높게 나타났으며, '아는 사람을 통해서'가 24명(25.0%)으로 뒤를 이었다. 몇 명이 함께 동행했는지를 질문한 결과, '2명~5명'이 64명(66.7%)으로 가장 높게 나타나 가족 단위 방문객이 많음을 알 수 있었으며, 유치원~초등학생까지 어린이 동반 여부를 질문한 결과, 그렇다는 응답이 65명(68.4%)으로 나타났다.

여행일정은 '못생긴 호박축제만 참여하고 귀가 예정'이라는 응답이 38명(39.6%), '축제 참여 후 장흥지역 문화유적지 관광 후 귀가 예정'이 32명(33.3%)으로 나타났다. 마을 체류계획은 당일이 86명(89.6%)으로 가장 높게 나타났다. 마지막으로 마을 방문에 있어 고려사항을 다중응답으로 2가지를 질문한 결과, 1순위는 '체험 프로그램'으로 51명(53.1%)이 응답하였으며, 2순위는 '방문 거리'로 36명(40.4%)이 응답하였다. 상대적으로 '여행 경비'나 '방문 요일', '날씨' 등은 고려사항에서 낮은 응답을 보였다(〈표 4-24〉 참조).

〈표 4-24〉 표본의 관광행태적 특성

구 분		빈도(명)	비율(%)
못생긴 호박축제 방문 목적	체험행사참가 등 축제분위기 즐김	26	27.1
	특화된 농촌체험을 할 수 있어서	8	8.3
	관광 및 여행과 겸해서	31	32.3
	다른 일로 왔다가 참여함	10	10.4
	호박 등 마을 농산물을 구입하기 위해서	1	1.0
	아이들 교육(체험학습)을 위해서	20	20.8
못생긴 호박축제 인지 경로	TV·라디오 등 방송매체	33	34.4
	신문·잡지 등 인쇄매체	14	14.6
	인터넷 및 유무선매체	8	8.3
	아는 사람을 통해서	24	25.0
	홍보물(현수막, 포스터, 카탈로그)	15	15.6
	마을 홈페이지	1	1.0
	기 타	1	1.0
동반 인원	혼 자	0	0
	2명~5명	64	66.7
	6명~10명	30	31.3
	11명 이상	2	2.1
어린이 동반 여부 (유치원~초등학생)	예	65	68.4
	아니오	30	31.6
여행 일정	못생긴 호박축제만 참여하고 귀가 예정	38	39.6
	축제 참여 후 장흥지역 문화유적지 관광 후 귀가 예정	32	33.3
	축제 참여 후 다른 지역으로 여행	18	18.8
	다른 지역 여행 중 못생긴 호박축제를 방문하기 위해 경유	8	8.3
마을 체류계획	당 일	86	89.6
	1박 2일	6	6.3
	2박 3일 이상	4	4.2
고려사항 1순위	체험 프로그램	51	53.1
고려사항 2순위	방문 거리	36	40.4
예시: 체험 프로그램, 방문 거리, 여행 경비, 방문 요일, 날씨, 기타			

자료: 설문조사

이러한 관광행태적 특성을 종합해 보면, 못생긴 호박축제의 방문객들은 주로 '관광 및 여행과 겸해서' 마을을 방문하고, 'TV·라디오 등 방송매체'

를 통해 정보를 알게 되며, 어린이를 동반한 가족 단위 방문객이 많음을 알 수 있었다. 또한 여행 스케줄은 '못생긴 호박축제만 참여하고 귀가 예정'인 경우가 많았으며, 마을에서 체류는 당일 체류가 가장 많았고, 마을 방문에 있어 고려사항은 '체험 프로그램'과 '방문 거리'인 것으로 나타났다.

조사결과에서도 알 수 있듯이 체험과 문화를 중시하는 소비 트렌드가 강화됨에 따라 다양한 유형의 체험활동에 대한 관심 증대와 소비의 문화적 속성을 강조하는 분위기도 구체화될 것이다. 최근의 관광시장을 일컬어 소비자들에게 '체험(experience)을 파는 시대'라고 표현할 정도로 체험활동에 대한 관심이 높아지고 있다. 농촌관광의 경우도 단순히 보는 활동에서 직접 참여하여 즐길 수 있는 다채로운 체험 활동들이 선호되고 매끈하고 표준화된 제품들 대신에 투박하지만 손맛을 느낄 수 있는 것을 선호하는 문화적 소비 추세가 뚜렷해질 것이다. 그에 따라 농촌에서 직접 만든 음식이나 술, 수공예품 등 장인적인 제품의 가치가 높아질 것이다(송미령·성주인, 2005: 189). 결과적으로 마을축제를 통한 농촌관광 활성화는 누구를 타깃으로 하며, 무엇을 준비해야 하는지 시사하는 바가 크다고 할 수 있다.

(4) 방문객의 소비 지출액

못생긴 호박축제에 방문하여 소비항목별 지출액을 1인 기준으로 질문한 결과, 숙박비는 마을에서 민박을 운영하는 집이 없는 관계로 지출액이 없는 것으로 나타났으며, 체험비 또한 마찬가지로 체험 프로그램에 따른 체험비를 받지 않음으로 해서 체험비 항목도 지출액이 없는 것으로 나타났다. 그러나 호박죽, 호박식혜 등의 판매를 통한 식·음료비의 지출은 7,281원으로 나타났고 호박 등 마을 농산물의 판매를 통한 쇼핑비는 3,144원으로 나타났다. 기타 비용까지 감안하면 1인당 10,989원을 지출한 것으로 분석되었다. 마을에서 집계한 마을수입 1,500만 원과 축제기간 중 방문객 수 약 1,500명과 비교하였을 때 대체적으로 분석이 적중한 것을 볼 수 있다. 농촌의 마을축제에서 방문객들이 1인당 10,989원을 지출하였다는 점은 상당히 고무적인 현상으로 해석할 수 있으며, 향후 마을축제를 통한 농촌관광 활성화와 주민 참여에 큰 영향을 미칠 수 있다고 판단된다(〈표 4-25〉 참조).

〈표 4-25〉 소비항목별 지출액(1인 기준)

소비항목	소비 지출액(원)
숙박비(마을에서 지출한 숙박비)	0
식·음료비(마을에서 지출한 식대 및 음료)	7,281
체험비(체험 프로그램)	0
쇼핑비(마을에서 구입한 농산물 등)	3,144
기타 비용	564
합 계	10,989

자료: 설문조사

한편 못생긴 호박축제를 개최하여 비록 방문객의 유치에는 성공했다 하더라도, 그것이 당일 관광으로 끝난다면 마을축제의 경제적 효과가 반감하고 만다. 방문객이 마을에서 숙박을 했을 때 비교적 더 많은 관광 지출을 하기 때문에 '농가소득 증대'에 큰 도움이 될 수 있다. 바로 이 점을 보완하기 위해서는 방문객들이 마을에서 숙박할 수 있도록 적극적인 유인책을 마련해야 한다. 장기적으로는 개별 농가에서 민박을 운영하는 것이지만, 필요에 따라 다목적 체험관과 마을회관을 숙박시설로 운영이 가능할 것이다.

〈그림 4-10〉 주행사장 모습과 호박 등 농산물 판매

(5) 농촌관광 추구편익 항목의 평균값 순위

농촌관광 추구편익에 관한 19개 설문항목의 평균값(5점 만점) 순위가 〈표 4 − 26〉에 제시되어 있다.

〈표 4 − 26〉 추구편익 항목의 평균값 순위

순 위	추구편익 항목	평균값
1	마을의 특산물, 음식 등을 맛보고 즐길 수 있다.	3.82
2	농촌의 풍요로운 자연환경과 경관을 만날 수 있다.	3.75
3	가족 및 친지들과 따뜻한 느낌을 주고받아 관계를 더욱 돈독히 하는 것이 가능하다.	3.71
4	마을 주민을 통하여 신선한 농산물을 직거래할 수 있다.	3.64
4	마을에서 생산한 농산물을 저렴한 가격에 구입할 수 있다.	3.64
6	자녀들이 마을에서 자연을 관찰하고 심신을 훈련할 기회를 줄 수 있다.	3.63
7	자연의 품안에서 모든 긴장을 해소하고, 편안한 휴식을 취할 수 있다.	3.57
7	농촌관광마을은 도시보다 훨씬 인간적으로 살 수 있는 환경을 제공한다.	3.57
9	도농교류를 통해 물적·인적 교류가 가능해 농촌과 도시가 공생할 수 있다.	3.50
10	농촌마을에서 상업주의에 물든 관광지와 다른 특별한 종류의 휴가를 즐길 수 있다.	3.45
11	마을의 전통적 풍습과 행사, 축제 등에 참여하여 마을 주민들과 만날 수 있다.	3.43
12	마을의 자연환경 속에서 농촌체험 프로그램 등 다양한 체험을 즐길 수 있다.	3.42
13	농업을 체험하고 수확을 즐길 수 있는 기회가 된다.	3.39
14	마을 고유의 역사적 유산과 문화적 특성을 느낄 수 있다.	3.29
15	축제 및 이벤트를 통해 마을의 문화를 이해할 수 있다.	3.28
16	시간거리와 정보격차의 해소로 도시에서의 일이나 인맥을 유지·발전시키면서도 전원생활을 즐길 수 있다.	3.21
17	마을회원에 가입하여 마을행사 등에 참여하고 지속적으로 주민들과 교류할 수 있다.	2.97
18	마을로 이주하여 주민과 교류하며 전원생활을 즐길 수 있다.	2.94
19	마을로 이주하여 농업을 하면서 유유자적한 생활을 할 수 있다.	2.83

자료: 설문조사

이들 중 상위 5개의 추구편익은 ① 마을의 특산물, 음식 등을 맛보고 즐길 수 있다(3.82), ② 농촌의 풍요로운 자연환경과 경관을 만날 수 있다 (3.75), ③ 가족 및 친지들과 따뜻한 느낌을 주고받아 관계를 더욱 돈독히 하는 것이 가능하다(3.71), ④ 마을 주민을 통하여 신선한 농산물을 직거래할 수 있다(3.64), ⑤ 마을에서 생산한 농산물을 저렴한 가격에 구입할 수 있다(3.64)의 순이다.

생태적·환경적 가치에 대한 관심이 고조되고 웰빙(well-being)을 강조하는 사회적 분위기가 이어지면서 농촌 자체의 가치가 새롭게 평가될 것이다. 따라서 좋은 자연환경을 갖춘 곳을 선호하는 분위기는 지금보다 더욱 강화될 것이고 고품질의 안전 농산물과 건강식품을 구득하려는 수요도 더욱 커지게 될 것이다. 그 결과 농촌과 직거래 방식으로 믿을 수 있는 농산물을 구입하려는 소비자가 늘어날 것이고 이에 맞추어 농산물이 재배되는 농촌 현장을 직접 방문하려는 수요자도 늘어날 것이다. 이는 자연과 친환경 농산물 생산 등과 연계된 농촌의 체험활동 및 여가공간에 대한 수요 증대로 이어질 전망이다(송미령·성주인, 2005: 188).

이들을 종합해 보면 상위 5개의 농촌관광 추구편익은 여러 가지 요인이 복합적으로 작용하는 것을 알 수 있으며,[23] 마을의 특산물과 음식을 즐기고 풍요로운 자연환경과 경관을 만나며 가족 및 친지들과 가족애를 돈독히 하고 신선한 농산물의 직거래와 저렴한 구입을 농촌관광의 추구편익으로 생각하고 있었다. 반면, 마을로 이주하여 전원생활을 즐기거나 농업을 통한 유유자적한 삶은 상대적으로 낮게 나타났다. 이는 교육, 문화, 의료 등 아직까지는 농촌에서의 생활이 도시에서의 그것보다는 훨씬 못 미치기 때문에 나타난 결과로 볼 수 있다.

---

23) 그런데 평균값 순위가 높다고 무조건 강한 추구편익이라고 단정 지을 수는 없다. 설문의 내용 중 일부는 특정 응답자에게 편중되어 있어서 해당 사항이 없는 응답자는 낮은 점수를 기입하여 상쇄효과가 나타날 수 있다. 예를 들어 '자녀'는 자녀를 동반한 가족끼리 온 사람들에게서 높은 점수를 예측할 수 있지만 그렇지 않은 응답자에게는 낮은 점수가 발생하여 평균을 구하면 상쇄된 점수가 나타나게 된다. 이와 같은 결과를 예상할 수 있는 질문은 '자녀', '마을로 이주' 등의 내용이 포함된 것들이다. 따라서 이들 질문과 응답자 전체를 대상으로 하는 질문을 동시에 비교하는 데는 무리가 따르지만, 어쨌든 모든 질문을 하나의 표로 작성하여 평균점수를 구하고 순위를 나열함으로써 전체적인 윤곽을 파악하는 것이 용이하다.

(6) 마을축제의 필요성과 도농교류 증진

 '못생긴 호박축제'처럼 농촌 마을에서 개최되는 마을축제가 필요하다고 생각하느냐는 질문에 84명(88.4%)이 그렇다 이상으로 응답한 반면, 그렇지 않다는 응답은 4명(4.3%)에 불과한 것으로 나타났다. 또한 '못생긴 호박축제'를 비롯한 마을축제가 도농교류를 증진시킨다고 생각하느냐는 질문에 82명(86.3%)이 그렇다 이상으로 응답하였으며, 그렇지 않다는 3명(3.2%)으로 나타남으로써 마을축제가 도농교류에 긍정적 영향을 미칠 것으로 생각하고 있었다(〈표 4-27〉 참조).

 최근 농촌관광이 도농 간의 교류를 통하여 농촌 활성화에 기여할 수 있는 새로운 정책 대안으로 부각되고 있다. 이러한 결과는 행정(장흥군)이나 마을 일부에서 마을축제를 폐지하자는 의견에 정면으로 배치되는 결과로서 장기적인 관점에서 마을을 활성화시키기 위해서는 '못생긴 호박축제'의 존속과 아울러 방문객을 위한 더욱 세심한 서비스와 체험 프로그램의 개발에 신중을 기해야 할 것으로 판단된다. 이는 마을을 방문할 때 고려사항 1순위가 '체험 프로그램'인 것과 맥락을 같이한다고 볼 수 있다.

〈표 4-27〉 마을축제의 필요성과 도농교류 증진에 기여

구 분		빈도(명)	비율(%)
마을축제 필요성	전혀 그렇지 않다	1	1.1
	그렇지 않다	3	3.2
	모르겠다	7	7.4
	그렇다	59	62.1
	매우 그렇다	25	26.3
마을축제의 도농교류 증진 기여	전혀 그렇지 않다	0	0.0
	그렇지 않다	3	3.2
	모르겠다	10	10.5
	그렇다	67	70.5
	매우 그렇다	15	15.8

자료: 설문조사

 특히 방문객의 의견에 부응하여 마을 이장과 사무장, 그리고 추진위원회

에서는 단호박 등 마을의 우수한 농·특산물을 저렴한 가격으로 직거래하고 마을 홈페이지(쇼핑몰)를 통한 전자상거래를 통하여 지속적으로 방문객에게 판매할 수 있도록 노력을 경주해야 할 것이다.

(7) 전반적 만족도와 재방문 및 추천의도

못생긴 호박축제에 방문하여 느낀 '전반적 만족도'는 만족한다는 응답(41.5%)이 만족하지 않는다는 응답(5.4%)보다 높게 나타났다.

〈표 4-28〉 전반적 만족도와 재방문 및 추천의도

구 분		빈도(명)	비율(%)
전반적 만족도	전혀 만족하지 않음	1	1.1
	만족하지 않음	4	4.3
	보통	50	53.2
	만족함	28	29.8
	매우 만족함	11	11.7
재방문	전혀 하지 않겠다	3	3.3
	하지 않겠다	7	7.6
	모르겠다	23	25.0
	하겠다	50	54.3
	꼭 하겠다	9	9.8
추천의도	전혀 하지 않겠다	0	0.0
	하지 않겠다	1	1.1
	모르겠다	27	28.7
	하겠다	62	66.0
	꼭 하겠다	4	4.3

자료: 설문조사

사례는 다를 수 있으나, 지역축제 방문자의 만족도 결정 요인 중에서 '축제의 행사내용'이 가장 중요한 만족요인이라는 연구결과를 고려할 때 방문객은 못생긴 호박축제 행사내용에 대체적으로 만족한다는 해석이 될 수 있다(이정록·안종현, 2004: 651).

또한 내년에도 다시 방문하겠느냐는 질문에 하겠다는 응답이 59명(64.1%), 하지 않겠다는 응답이 10명(10.9%)으로 나타났다. 이러한 결과는 기존의 선행연구와도 일치된 결과로서, 기존 농촌관광 참가자가 농촌관광 수요를 선도해 나아갈 전망이다. 농촌관광 참가 경험자의 재방문 가능성이 높고 농촌관광 정보는 기존 경험자를 통해 구전으로 전달되는 특성이 강하기 때문이다. 따라서 기존 마을 방문객을 대상으로 한 지속적인 마케팅으로 재방문을 유도하는 것이 중요하며 이는 성공 사례의 공통적인 경영전략의 유효성을 뒷받침한다(송미령·성주인, 2005: 190).

주위 다른 사람에게 못생긴 호박축제를 추천하겠느냐는 질문에 하겠다는 응답이 66명(70.3%), 하지 않겠다는 응답이 1명(1.1%)으로 나타났다. 전반적 만족도와 재방문, 추천의도에 있어 모두 긍정적인 응답이 높게 나타났다. 특히 추천의도에 있어 방문객들은 매우 강한 의지를 보여 주고 있는데, 방문 추천의사를 구전(word of mouth)이라고 보았을 때, 긍정적인 구전의사는 무엇보다도 강력한 홍보효과를 볼 수 있다. 긍정적인 구전의 필요성은 어떠한 축제나 행사에도 기본적인 것이며, 마을 주민이 주도적으로 개최하는 마을축제로서 못생긴 호박축제가 향후 어떠한 양상으로 전개되고 발전해 가는지 마을축제의 수범사례로서 연구할 가치가 있다고 판단된다(〈표 4 – 28〉 참조).

2. 체험 프로그램 운영

진목마을은 마을이 보유하고 있는 자원을 효율적으로 이용하여 프로그램을 운영하고 있다. 크게 당일 체험 프로그램, 1박 2일 체험 프로그램, 계절별 체험 프로그램으로 분류해 볼 수 있다. 마을의 주요 체험 프로그램은 이청준 생가 답사, 호박터널 걷기, 호박마차 타기, 진목교회 방문 등인데 호박터널 걷기 프로그램은 호박이 수확되는 시기인 7~8월에만 할 수 있다는 제한이 있다. 이청준 생가 답사 프로그램은 평소에 문학 동호인들이 지속적으로 방문하고 있으며, 가끔 이청준 선생이 동행해서 자신의 문학세계를 방문객들에게 설명해 주곤 한다.

<표 4-29> 당일 체험 프로그램

시 간	체험내용	비 고
13:00~13:30	마을도착 및 환영, 마을소개	다목적 체험관
13:30~14:30	이청준 작가 선생님의 문학탐방(생가방문 및 문학작품 배경 방문)	이청준 생가
14:30~16:30	전통방아 찧기(절구통 쌀방아, 찰떡방아), 키(챙이)질하기	체험장
16:30~17:30	호박마차 타기	마을회관 앞
17:30~18:30	호박터널 체험(사진촬영, 호박제품 홍보)	호박터널
18:30~19:30	호박죽 만들기 체험(저녁 식사), 귀가 및 배웅	다목적 체험관

자료: 진목마을 발전계획, 2006.

<표 4-30> 1박 2일 체험 프로그램

시 간	체험내용	비 고
13:00~13:30	마을도착 및 환영, 마을소개 및 숙소 배정	다목적 체험관
13:30~14:30	이청준 작가 선생님의 문학탐방(생가방문 및 문학작품 배경 방문)	이청준 생가
14:30~16:00	전통방아 찧기(절구통 쌀방아, 찰떡방아), 키(챙이)질하기	체험장
16:00~17:00	호박마차 타기	마을회관 앞
17:00~17:30	물레방아, 종이원판 만들기	다목적 체험관
17:30~18:30	동물 먹이 주기(한우, 흑염소, 토끼)	체험농가
18:30~19:30	호박죽 만들기 체험, 저녁식사 및 취침	다목적 체험관
05:30~06:30	천년학 일출보기(공지산 산책로, 세트장)	공지산
06:30~07:30	호박터널 체험(사진촬영, 호박제품 홍보)	호박터널
07:30~08:30	아침식사 및 일정 설명	다목적 체험관
08:30~09:30	진목교회 방문(100년 역사)	진목교회
09:30~11:00	대나무 낚시체험(개구리, 물고기 잡기)	마을 저수지
11:00~12:00	짚공예 체험(새끼 꼬기, 짚신 만들기 등)	노인회관
12:00~13:00	점심식사, 귀가 및 배웅	다목적 체험관

자료: 진목마을 발전계획, 2006.

마을 주민들은 체험 프로그램을 해서는 마을에 도움이 되지 않는다고 말하면서 체험 프로그램의 운영에 소극적이다. 이는 다시 말해 마을의 소득과 연계되지 않는다는 말인데, 이는 일면 맞는 말일 수도 있으나 녹색농촌 체험마을 사업의 취지를 생각한다면 의식의 전환이 필요함을 알 수 있다.

우리나라 어느 농촌관광마을도 체험 프로그램만 가지고 높은 소득을 창출하는 마을은 극히 몇 개 마을에 불과하다. 왜냐하면 체험 프로그램이 마을마다 대체적으로 대동소이하고 체험비 또한 저렴하기 때문이다. 다만, 체험 프로그램과 민박, 음식 판매, 특산물 판매 등이 패키지로 묶일 때 소득창출로 연계되고 있다. 따라서 체험 프로그램은 그 자체가 목적이 될 수 없으며, 소득과 연계하기 위한 수단으로서 마을 주민들에게 인식되어야 한다.

〈표 4-31〉 사계절 체험 프로그램

계 절	체험내용
봄	천년학 세트장 견학, 유채꽃 걷기, 공지산(학산) 산책, 짚공예 만들기 체험, 이청준 문학의집 견학
여 름	장흥 못생긴 호박축제(매년 7월 초)
가 을	천년학 세트장 견학, 메밀꽃 걷기, 대나무 낚시, 절구방아 찧기, 물레방아 만들기
겨 울	천년학 일출 보고 눈길 걷기, 고구마 구워 먹기, 호박죽 체험, 짚공예 만들기 체험, 소(동물) 먹이 주기

자료: 진목마을 발전계획, 2006.

〈그림 4-11〉 호박마차 타기와 공지산 산책로 너와집 쉼터

3. 사회 경제적 효과

녹색농촌 체험마을 사업을 통해 마을의 문제점을 보면, 아직까지 단합이 잘되지 않고 협력이 부족하다는 판단이다. 이는 실질적으로 마을 주민 개개 인에게 소득이 발생하지 않기 때문이다. 올해까지는 농가에 돌아갈 보조금 이 모두 마을 공동시설인 하우스시설에 투자가 되는 바람에 그러한 현상이 생겼는데 내년부터는 더 이상 시설투자에 들어갈 비용이 없기 때문에 개별 농가들에게 혜택이 돌아갈 것 같다. 그리고 일부 호박 작목반원 중에 작목 반을 이탈하여 개별적으로 공판장에 호박을 판매하는 등 작목반의 일부 와

해가 있었으나, 이는 호박 판매가 증가하면 자연스럽게 다시 흡수될 걸로 본다. 특히 농산물가공회사인 HC바이오텍과 협약을 체결하여 마을에서 생산된 호박을 내년부터는 전량 가공할 수 있게 되어서 마을 주민들은 생산만 잘 하면 판로는 문제가 없게 되었다.

더욱 중요한 점은 못생긴 호박축제 개최를 보더라도 일부의 부정적인 의견을 갖고 있는 주민들도 막상 마을 공동의 행사를 개최하면 모두 하나같이 협조하고 뒷심을 발휘하는 모습을 보인다는 점이다.

경제적 측면에서 봤을 때, 일단 기본적으로 녹색농촌 체험마을 사업을 통해 다목적 창고, 다목적 체험관, 마을 공중화장실, 노인당 시설 등이 신축 또는 리모델링되어 여타 마을과 비교했을 때 낙후시설이 개선되는 효과를 가져왔다. 또한 마을테마인 호박을 통해 마을이 전국적으로 알려졌으며, 작목반을 조직해 호박을 판매함으로써 농외소득을 증대할 수 있게 되었다. 못생긴 호박축제 기간 동안 호박 판매 및 음식 판매 수입으로 약 1,500만 원의 매출을 올렸다. 그러나 음식재료 구입 및 몽골텐트 임대료 등 각종 비용을 제하고 나면 실질적으로 남는 금액은 없는 셈이다. 다만, 3회째 개최된 소규모 마을 축제에서 손해를 보지 않은 것만 하더라도 성공이라 해도 과언이 아니다. 또한 마을 홈페이지(쇼핑몰)를 통해 연간 약 500만 원 정도의 매출을 올리고 있다.

호박의 특성상 7~8월 2개월 이내에 수확 후 판매해야 하기 때문에 판매기간이 여름철에만 한정되는 점이 아쉬운 점이다. 이는 저장방법에 한계가 있기 때문이며, 내년에는 7~8월에는 단호박과 미니호박을 수확하고 바로 만차량 품목을 심어서 9월에 수확하는 이모작을 도입하려고 한다. 그래서 조금이라도 판매를 늘려 마을 주민들에게 소득이 되도록 계획하고 있다. 올해 작목반에 조금이라도 수익이 돌아가서 내년에는 많은 마을 주민들이 참여할 것으로 전망하고 있다.

못생긴 호박축제를 개최하여 비록 방문객의 유치에는 성공했다 하더라도, 그것이 당일 관광으로 끝난다면 마을축제의 경제적 효과가 반감하고 만다. 바로 이 점을 보완하기 위해서는 방문객들이 마을에서 숙박할 수 있도록 적극적인 유인책을 마련해야 한다. 현재 민박을 운영하는 농가가 전혀 없는데, 향후 장기적 관점에서 대비하는 자세가 필요하다고 할 수 있다. 그리고 다목적 체험관은 이청준 문학체험관의 용도로 활용 시 부녀회에서 조를 편성하여 관리업무를 맡고 호박을 이용한 음식(호박죽, 호박전, 호박식혜 등)을 판매하면서 이청준 소설가의 저서를 비치하여 판매한다. 아울러 자연스럽게 마을의 소개와 체험 프로그램으로 이어질 수 있도록 한다.

소 결

4

본 장에서는 그린투어리즘에 기초한 농촌관광마을의 사례로서 장흥군 회진면 진목마을의 사례를 고찰하였다. 그 내용을 요약하면 다음과 같다.

첫째, 마을의 현황을 살펴보면, 진목마을에서 생산된 농산물은 대체로 지역농협 등을 통해 판매되며, 호박의 경우 마을에서 운영하는 인터넷 쇼핑몰과 성남, 목포 등 농협에서 운영하는 하나로마트를 통해 직거래되기도 한다. 진목마을의 주민조직은 청년회, 부녀회, 남녀노인회, 마을개발위원회 등이 있으며, 녹색농촌 체험마을 사업을 계기로 '체험마을추진위원회'가 새롭게 구성되었다. 마을 주민의 생활권은 주로 회진면이며, 진목마을을 경유하는 대중교통 수단은 군내버스가 운행되고 있다. 마을의 자원을 살펴보면, 마을 홈페이지, 소설가 이청준, 이청준 생가, 진목교회, 다목적 창고, 호박터널, 소설 속 무대 '눈길', 마을 안내사인과 전망정자, 영화 〈천년학〉 세트, 다목적 체험관 등을 보유하고 있다. 특히 호박터널은 국내 최초로 진목마을에서 아이디어를 내 조성하였고, 못생긴 호박축제 기간 및 매년 7~8월 2달여 동안 방문객들로부터 큰 호응을 얻고 있다.

둘째, 마을의 잠재력과 마을 만들기 과정을 살펴보면, 진목마을은 이청준 생가를 방문하는 관광객을 이미 확보하고 있고, 못생긴 호박축제의 인지도가 상승하고 있다. 또한 선도농업인이 다수 있으며, 친환경농업과 함께 호박을 생산하고 가공하는 등 강점을 보유한 반면, 음식, 숙박 등 마을 주민들이 환대서비스에 관심이 부족한 점은 약점으로 볼 수 있다. 또한 건강에 대한 관심과 농촌관광에 대한 인지도 증대, 체험마을 사업을 계기로 행정 등 외부의 관심과 지원, 이청준 생가를 방문하는 관광객의 꾸준한 증가 등은 기회요인이라 할 수 있다. 그러나 주변 지역 등과 경쟁관계, 관주도 각종 지원사업으로 마을의 정체성에 위협을 받는 점 그리고 접근성의 문제 등은 위협요인이라 할 수 있다.

이러한 마을의 다양한 잠재력을 바탕으로 마을은 장흥군이 자체적으로 지정하는 생태체험마을에 2005년 선정되었으며, 그해 여름 호박을 테마로 '제1회 못생긴 호박축제'를 개최하였다. 전남지방에서 마을 단위로 마을축제를 개최한 것은 최초이다. 성공적인 축제의 개최를 계기로 마을 이장 'J' 씨와 장흥군청 마케팅과 직원 'M' 씨는 농림부의 녹색농촌체험 시범마을 사업에 신청을 하게 되었고, 마을은 이청준 생가로 대표되는 문학마을과 못생긴 호박으로 대표되는 청정 이미지가 주민들의 하고자 하는 의지와 결합되어 2006년 사업대상 마을로 선정되었다. 여기에는 주민들의 의지가 무엇보다도 중요하게 작용했지만, 장흥군청 'M' 씨의 헌신적인 열정과 봉사가 뒤따랐기 때문으로 판단한다. 마을발전의 비전을 살펴보면, 진목마을의 테마를 '못생긴 호박'으로 정하면서 '호박을 테마로 잘사는 웰빙마을'로 마을발전 비전을 세웠다. 마을테마 상품으로 먹을거리 테마로는 호박죽, 호박전, 호박국수, 호박식혜를 선택했고, 체험 테마로는 호박넝쿨 터널 걷기, 이청준 문학체험을 설정했다.

셋째, 진목마을에서 주민들이 주도적으로 개최하고 있는 '장흥 못생긴 호박축제'를 사례로 방문객이 느끼는 농촌관광 선호 및 마을축제 방문행태와 만족도를 알아보았다. 특히 도농교류를 포함하여 농촌관광을 통해 얻을 수 있는 편익이 무엇인가를 알아보고 아울러 최대 농촌관광 시장인 수도권으로부터 시간적, 공간적으로 이격되어 있는 전남의 농촌관광마을(진목마을)을 통해 농촌관광의 가능성을 구체적으로 분석하고 제시하는 것에 관심을 두었다. 연구내용의 결과를 요약하면 다음과 같다.

① 방문객의 인구 통계적 특성을 보면, 진목마을을 방문한 농촌관광 참가

자들의 가장 보편적 형태는 유아~초등 6학년의 자녀를 둔 기혼자로 주부와 전문직, 자영업에 종사하면서, 장흥 외에 전남과 광주에 거주하는 30대 이상의 대졸 이상 고학력자층임을 알 수 있었다.

② 방문객의 관광행태적 특성을 보면, 못생긴 호박축제의 방문객들은 주로 '관광 및 여행과 겸해서' 마을을 방문하고, 'TV·라디오 등 방송매체'를 통해 정보를 알게 되며, 어린이를 동반한 가족 단위 방문객이 많음을 알 수 있었다. 또한 여행 스케줄은 '못생긴 호박축제만 참여하고 귀가 예정'인 경우가 많았으며, 마을에서 체류는 당일 체류가 가장 많았고, 마을 방문에 있어 고려사항은 '체험 프로그램'과 '방문 거리'인 것으로 나타났다.

③ 1인 기준 소비항목별 지출액을 보면, 숙박비와 체험비는 지출액이 없었으며, 식·음료비의 지출은 7,281원으로 나타났고 쇼핑비는 3,144원으로 나타났다. 기타 비용 564원을 합하면 1인당 10,989원을 지출한 것으로 분석되었다.

④ 농촌관광 추구편익을 보면, 19개 설문항목 중 상위 3개의 추구편익은, 마을의 특산물, 음식 등을 맛보고 즐길 수 있다(3.82), 농촌의 풍요로운 자연환경과 경관을 만날 수 있다(3.75), 가족 및 친지들과 따뜻한 느낌을 주고받아 관계를 더욱 돈독히 하는 것이 가능하다(3.71)로 나타난 것으로 보아, 마을의 특산물과 음식을 즐기고 풍요로운 자연환경과 경관을 만나며 가족 및 친지들과 가족애를 돈독히 하는 것을 농촌관광의 추구편익으로 생각하고 있었다.

⑤ 마을축제의 필요성과 도농교류 증진을 보면, 마을축제가 필요하다는 의견이 84명(88.4%)으로 필요치 않다는 응답 4명(4.3%)보다 월등히 앞선 것으로 나타났다. 또한 마을축제가 도농교류를 증진시킨다는 의견이 82명(86.3%)으로 그렇지 않다는 응답 3명(3.2%)보다 높게 나타남으로써 마을축제가 도농교류에 긍정적 영향을 미칠 것으로 생각하고 있었다.

⑥ 못생긴 호박축제에 방문하여 느낀 '전반적 만족도'는 만족한다는 응답(41.5%)이 만족하지 않는다는 응답(5.4%)보다 높게 나타났다. 또한 내년에도 다시 방문하겠다는 응답이 59명(64.1%), 하지 않겠다는 응답이 10명(10.9%)

으로 나타났다. 주위의 다른 사람에게 못생긴 호박축제를 추천하겠다는 응답이 66명(70.3%), 하지 않겠다는 응답이 1명(1.1%)으로 나타났다. 전반적 만족도와 재방문, 추천의도에 있어 모두 긍정적인 응답이 높게 나타났다.

넷째, 관광마을 만들기 사업에 대한 주민들의 참여와 의식행태를 고찰하였는데 연구내용의 결과를 요약하면 다음과 같다. ① 진목마을 주민이 생각하는 마을의 대표 이미지는 호박으로 나타나 두 번째로 높은 이청준 생가와 함께 두 가지 테마를 연계 활용하는 공간 및 프로그램 전략이 필요한 것으로 나타났다.

② 녹색농촌 체험마을 사업의 목표를 농산물 판로 개척 및 신규 소득 작목 개발로 인식하는 의견이 가장 높게 나타나 농촌관광마을 만들기의 궁극적인 목표와 그에 따른 방법론 등 인식의 전환이 필요한 것으로 나타났다.

③ 사업 추진에 대한 주민참여 태도는 주민참여가 가장 효과가 큰 방법이라는 응답이 가장 높게 나타났으나 마을 대표 몇 명이 주도하면 된다는 의견도 일부 제시되어 마을 주민 모두가 공동체로서의 '마을'을 인식하고 공동작업 속으로 이끌어 내는 것이 관건이라 할 수 있다.

④ 사업 참여 이유에 있어서 소득 증대에 직접적으로 도움이 되기 때문이라는 응답이 가장 많았으나 농촌관광마을의 성과가 당장 나타나는 것이 아니기 때문에 마을 주민들이 장기적 관점에서 기다리는 여유와 함께 추진위와 마을사무장은 사업 초기에 소규모라도 주민들에게 이익이 돌아갈 수 있는 사업의 발굴 및 실행이 요구된다.

⑤ 사업단계별 주민참여 활동에 있어서는 좀 더 적극적인 참여와 역할이 요구된다. 마을 대표나 자문단에게 개인적인 의견을 제시한다거나 새로운 사업 아이디어를 제시하는 것이 그것이다. 또한 민박이나 숙박시설의 운영도 장기적 관점에서 검토되어야 할 사항으로 나타났다.

⑥ 사업 후 마을에 나타날 영향으로 마을의 땅값이 전반적으로 상승할 것이라는 점을 제외하고는 전반적으로 긍정적인 영향을 예측했으며, 부정적인 영향에 대해서는 대체적으로 낮게 응답하였다. 따라서 일부 사업에 부정적 견해를 가지고 있거나 방관자적 입장을 취하는 마을 주민들에 대한 주민

교육을 통한 참여의식 고취가 시급한 과제로 밝혀졌다.

⑦ 주민참여 활성화 방안으로는 교육, 견학 기회 확대가 가장 높게 나타나 사업을 통한 마을 발전을 위해서는 지속적인 교육과 전문가의 의견, 관계기관의 관심과 지원 등이 필요하다. 특히 농사만 짓고 살았던 주민들에게 외부방문객을 맞이할 수 있는 서비스교육과 마인드를 심어 주는 주민교육이 매우 중요하며 주민의 능력개발과 무엇보다도 마을 주민 스스로가 일어설 수 있는 동기 부여가 매우 중요함을 알 수 있다.

다섯째, 농촌관광마을 만들기의 효과를 크게 체험 프로그램의 운영과 사회 경제적 효과 측면에서 살펴볼 수 있다. 진목마을의 체험 프로그램은 1박 2일 체험 프로그램, 계절별 체험 프로그램으로 분류할 수 있는데, 마을의 주요 체험 프로그램은 이청준 생가 답사, 호박터널 걷기, 호박마차 타기, 진목교회 방문 등인데 호박터널 걷기 프로그램은 호박이 수확되는 시기인 7~8월에만 할 수 있는 제한이 있다. 이청준 생가 답사 프로그램은 평소에 문학 동호인들이 지속적으로 방문하고 있으며, 가끔 이청준 선생이 동행하여 자신의 문학세계를 방문객들에게 설명해 주고 있다. 사회 경제적 효과를 보면, 마을리더와 주민 간 또는 마을 주민 간에 아직까지 단합이 잘되지 않고 협력이 부족한 점을 들 수 있다. 그러나 못생긴 호박축제의 개최처럼 일부의 부정적인 의견을 갖고 있는 주민들도 실지로 마을 공동의 행사를 개최하면 모두 하나같이 협조하며 뒷심을 발휘하고 있다. 따라서 이러한 문제는 여러 가지 해결책이 있겠으나, 먼저 주민교육의 선행과 함께 소득화 사업이 이루어져야 할 것이다. 기본적으로 마을은 이 사업을 통해 여타 마을과 비교했을 때 정주환경이 개선되는 효과를 가져왔다. 또한 못생긴 호박축제를 통해 마을이 알려지면서 축제기간뿐만 아니라 마을 쇼핑몰에서도 호박 등 마을 특산품의 판매가 이어지고 있다. 현재까지 큰 수익을 가져오지는 않았지만, 이모작의 도입과 함께 더 많은 주민이 작목반에 참여한다면 더 큰 소득을 올릴 수 있을 것으로 판단된다.

진목마을이 보유한 최고의 장점은 마을축제인 호박축제를 개최한다는 점이다. 이를 통해 마을을 전국적으로 알릴 수 있었고 호박을 마을의 특산물로 설정하고 재배 및 가공을 할 수 있게 되었다. 특히 주목할 점은 차츰 마을 주민들의 소득이 증가하고 있다는 점이다. 다시 말해 주민들이 호박을 통해 소득을 올릴 수 있다는 자신감을 가진 것이다. 그러나 지리적으로 대도시와 원거리에 위치해 있다는 점 등은 마을이 활성화되는 데 불리하게 작용하고 있다. 진목마을은 향후 지속적인 못생긴 호박축제의 개최, 폭넓은 주민들의 참여, 행정의 지원이 이루어진다면 마을은 한층 잘사는 농촌관광마을이 될 것이다.

제5장

농촌관광마을 만들기의 특징과 성과: 마을 간 비교분석

농촌관광마을 만들기 과정의 비교

농촌관광마을을 만들기 위해서는 주민의 농촌관광에 대한 인식과 이해, 협조가 무엇보다도 중요하다. 그 이유는 농촌관광마을을 만드는 데에는 농촌관광에 대한 주민들의 인식과 이해를 바탕으로, 효과적인 의사결정을 통해 사업을 실행해야 하기 때문이다. 본 연구는 신촌마을과 진목마을의 사례를 통해 농촌관광마을 만들기에 있어 사업의 추진 주체가 누구이고, 사업의 의사결정은 누구에 의해 결정되는가라는 측면에서 비교·분석하였다.

신촌마을은 마을 이장이 주도하여 주민들과 함께 녹색농촌 체험마을추진위원회를 구성하고 200평의 사업 부지를 마을기금으로 마련하는 등 마을 이장과 주민이 협력하여 사업을 추진하였다. 반면, 진목마을은 장흥군청의 공무원과 마을리더가 사업의 중요성을 인식하고 마을 주민을 설득하고 추진위원회를 구성하여 사업을 준비하였다. 진목마을은 기존 장흥군의 생태체험마을로 선정되어 있었고 마을을 담당하는 전담공무원이 있었기 때문에 사업의 참여가 쉬웠던 것으로 판단된다. 결과적으로 진목마을은 공무원의 구상과 의도대로 사업을 준비하고 진행했다.

물론, 두 마을 모두 2005년과 2006년에 사업대상 마을로 선정되어 사업이 진행되었으나 시간이 흐르고 결과를 놓고 보았을 때, 신촌마을은 당시의 이장이 지금까지도 이장과 추진위원장직을 맡으면서 행자부의 정보화 시범마을 사업을 유치하는 등 일정한 성과를 내고 있는 반면, 진목마을은 공무원이 타 부서로 발령이 나면서 사업추진의 큰 혼선을 빚게 되었고, 이장도 마을 사무장으로 자리를 바꿔 체험마을 업무를 보았으나 결국은 모든 직을 버리고 일반 주민으로 돌아간 상황이 되었다. 더불어 추진위원 간 불화가 계속되었으며 마을축제인 '못생긴 호박축제'도 폐지하자는 등 큰 후유증을 겪고 있다. 두 사례마을이 가장 크게 대비되는 점은 사업의 추진 주체가 마을리더+주민인가 아니면 공무원+마을리더인가의 차이점에서 기인한다.

따라서 마을 만들기의 과정과 현재의 마을 간 비교를 통해 분석해 보면 신촌마을처럼 마을리더+주민조직이 사업을 진행해야만 더 큰 힘과 생명력을 가짐을 알 수 있다.

〈표 5-1〉 마을별 사업의 추진 주체와 의사결정

	신촌마을	진목마을
사업의 추진 주체	마을리더+주민	공무원+마을리더
사업의 의사결정	마을리더+추진위원회	공무원+마을리더(추진위원)

궁극적으로 성공적인 농촌관광마을 만들기가 완성되려면 마을리더와 주민이 하나가 되어 주체적으로 마을 만들기에 앞장서야 하고 행정은 직간접적인 지원이 이루어지면 되는데 신촌마을의 경우 행정에서 너무 지원을 하지 않는 점이 문제였고, 진목마을은 행정에서 너무 깊이 관여를 한 사례이다. 따라서 신촌마을 이장은 행정에 대해 관심을 촉구하기도 하고 많은 불만을 토로하였다. 반면, 진목마을은 행정에서 사업의 작은 부분까지도 일일이 챙기고 관여해서 주민들의 폭넓은 참여가 이루어지지 않았고 시간이 갈수록 행정의 독단과 일방적인 의사결정에 추진위원 간 갈등이 발생하고 마을리더가 행정과 주민 사이에서 오해를 받기도 하였다. 모든 것이 성공적인 농촌관광마을을 만들기 위한 노력이었으나 결과적으로는 마을리더의 도중 하차 및 주민 간 갈등과 반목으로 이어졌다.

농촌관광마을 만들기는 그 자체를 통해 얻을 수 있는 경제적 효과뿐만 아니라 마을 만들기에 있어 주민의 다양한 역할수행과 역할분담을 요구하고 있다. 이러한 요구를 적극적으로 수용하는 마을은 농촌관광마을 만들기에 있어 큰 에너지가 된다. 따라서 농촌관광마을 만들기는 그것을 주도하는 주민참여의 관점에서 살펴보는 것이 중요하다. 주민의 양적인 참여확대는 농촌관광마을의 성공적인 조성을 확산시키고 마을 공동체를 유지·발전시킨다는 데 의미가 크며, 질적인 참여확대는 실질적으로 농촌관광마을을 만드는 데 있어 보다 효율적이고 체계적으로 사업을 추진할 수 있기 때문이다.

주민참여의 비교

2

농촌관광에 있어 주민참여는 방문객의 만족과 지속 가능성의 성공 여부와 직접적인 관련을 갖고 있는 필수적인 요소이기 때문에 농촌관광이 지속 가능성을 확보하기 위해서는 우선적으로 마을 주민의 의식을 파악하여야 한다.

본서에서는 농촌관광 활성화 방안으로서 주민참여를 고찰하고자 하는 목적으로 농림부에서 시행하고 있는 녹색농촌 체험마을 사업인 광양시 봉강면 '신촌마을'과 장흥군 회진면 '진목마을'을 사례로 관광마을 만들기에 대한 주민들의 참여와 의식행태를 고찰하였다. 두 사례마을의 연구내용의 결과를 비교·분석하면 다음과 같다.

〈표 5-2〉 사업 목표와 주민참여 태도

(단위: 명, %)

구 분		신촌마을		진목마을	
		빈 도	구성비	빈 도	구성비
사업의 목표	마을의 기반시설 정비와 개선	13	33.3	4	8.9
	마을의 농촌다운 모습 유지 및 보존	5	12.8	5	11.1
	농산물 판로 개척 및 신규 소득 작목 개발	11	28.2	31	68.9
	도시민 위한 여가 휴양시설 조성	10	25.6	5	11.1
주민참여 태도	실제 이익을 얻을 사람이 주도함	5	12.8	1	2.2
	마을 대표 몇 명이 주도함	6	15.4	8	17.8
	효율이 낮더라도 주민이 함께해야 함	8	20.5	3	6.7
	주민참여가 가장 효과 큰 방법임	20	51.3	33	73.3

구 분		신촌마을		진목마을	
		빈 도	구성비	빈 도	구성비
사업 내용의 결정방식	자유롭게 토론하고 표결로 정함	31	79.5	21	46.7
	소수의견보다는 주민 다수의견대로 결정	5	12.8	3	6.7
	영향력 있는 몇 명의 결정에 따름	3	7.7	21	46.7

자료: 설문조사

　첫째, 녹색농촌 체험마을 사업의 목표에 있어 신촌마을 주민은 '도로나 주택, 상하수도 등 마을의 기반시설을 개선'하는 것을 목표로 생각했고, 진목마을 주민은 '농산물 판로 개척 및 신규 소득 작목을 개발'하는 것을 목표로 생각하고 있었다. 농촌관광마을 만들기의 궁극적 목표는 과소화·낙후화된 농촌마을에 활력을 불어넣고 도시민의 여가수요를 충족시키면서 농가소득을 확대하는 데 그 목표가 있다. 마을의 기반시설 개선과 농산물 판로 개척 및 신규 소득 작목 개발은 농촌관광마을 만들기에 있어 수단이 되어야지 목표가 되어서는 안 된다고 본다. 이 점에서 주민교육이 절실히 필요함을 알 수 있다.

　둘째, 사업 추진에 대한 주민참여 태도는 두 마을 모두 '주민참여가 가장 효과가 큰 방법'이라는 응답이 가장 높게 나타났다. 그러나 마을 대표 몇 명이 주도하면 된다는 의견도 일부 제시되어 주민 대다수가 함께 참여할 수 있는 방안의 모색이 필요함을 알 수 있다 사업 참여를 통한 관광마을 만들기의 기본은 사람이지만 한 사람만으로 가능한 것은 아니며, 마을리더를 포함한 마을 사람들이 어떤 식으로 공동체로서의 '마을'을 인식하게 하고 공동작업 속으로 이끌어 내느냐가 가장 큰 문제라 할 수 있다(田村明, 1987).

　셋째, 사업단계별 주민참여 활동에 있어서는 두 마을 모두 좀 더 적극적인 참여와 역할이 요구된다. 마을 대표나 공무원에게 개인적인 의견을 제시한다거나 새로운 사업 아이디어를 제시하는 것이 그것이다. 또한 민박이나 숙박시설의 운영도 장기적 관점에서 검토되어야 할 사항으로 나타났다. 특히 진목마을은 민박집이 현재도 한 곳도 없는 상황이기 때문에 민박수요 발생 시 대처할 수 있는 방안을 사전에 마련해 두어야 한다. 농촌관광마을에서 올릴 수 있는 소득원은 숙박과 식사제공을 통한 민박수입, 마을의 특산물 판매, 체험 프로그램 운영을 통한 체험비 항목의 세 가지로 볼 수 있다. 진목마을은 현재 민박을 운영하는 집이 전혀 없는 상황에서 민박이나 숙박시설을 운영하겠다는 의견이 상대적으로 낮은 것은 민박에 필요한 기반시설 및 환경이 갖추어지지 않은 주민들이 사업 참여에 한계를 느끼기 때문으로 풀이된다. 그러나 농촌관광마을의 수입에서 민박수입이 차지하는 비중이 크기 때문에 장기적인 관점에서 방문객이 1박 이상 체류할 수 있는 수용태세의 준비가 필요하다. 그리고 어느 정도 방문객이 늘어날 때까지는 마을 공동시설인 마을회관, 노인정 등을 숙박시설로 활용할 수도 있다. 이럴 경우 숙박으로 인해 발생하는 소득은 마을공동의 소득이 될 것이고 관리나 유지 등은 마을 주민이 공동으로 책임지기 때문에 주민들의 관심과 참여를 높일 수 있는 특장이 된다.

<표 5-3> 사업단계별 주민참여 활동

(단위: 명, %)

구 분		신촌마을		진목마을	
		빈 도	구성비	빈 도	구성비
사업 주민인식 시점	사업대상 마을로 선정되기 전부터 인식	31	79.5	20	44.4
	사업대상 마을로 선정된 후 인식	7	17.9	25	55.6
	현재도 모름	1	2.6	0	0.0
사업 선정 시 주민 입장	찬성했음	33	84.6	36	80.0
	반대했음	3	7.7	0	0.0
	반반임	3	7.7	9	20.0
사업 관련 마을회의 참석 여부	마을회의에 참석하지 않음	13	33.3	0	0.0
	되도록 참석함	4	10.3	4	8.9
	빠지지 않고 회의에 참석함	22	56.4	36	80.8
	마을회의가 열리는 것을 모름	0	0.0	3	6.7
	기 타	0	0.0	2	4.4
계획단계 주민참여 활동	다른 마을에 견학을 다녀옴	16	41.0	33	73.3
	사업의 일환으로 주민교육을 받음	33	84.6	38	84.4
	계획 수립의 일환으로 설문조사에 응함	8	20.5	23	51.1
	마을 대표나 공무원에게 개인적 의견을 제시함	4	10.3	18	40.0
	계획에는 없던 새로운 사업 아이디어를 제시	1	2.6	10	22.2

구 분		신촌마을		진목마을	
		빈 도	구성비	빈 도	구성비
진행단계 주민 역할	마을에 얽힌 역사나 자원 등에 관한 정보 제공	9	23.1	26	57.8
	마을 가꾸기에 직접 나섬	23	59.0	21	46.7
	사업에 필요한 토지 제공	1	2.6	3	6.7
	마을 조경에 필요한 자원 기증	15	38.5	5	11.1
	주택의 지붕, 담장, 마당 등을 가꾸고 개량	15	38.5	8	17.8
	건물을 지을 때 노동력 제공	10	25.6	7	15.6
	공사 과정 감독 및 의견 제시	2	5.1	6	13.3
사업 시작 주민 의견	사업을 벌이기를 잘했다는 생각이 듦	35	89.7	41	91.1
	사업을 하지 않는 편이 낫겠다는 생각이 듦	1	2.6	1	2.2
	사업을 하나 안 하나 별 차이가 없을 것임	3	7.7	3	6.7
사업 운영단계 주민참여 활동	민박이나 숙박시설 운영	13	33.3	10	22.2
	방문객에게 음식 판매	10	25.6	18	40.0
	마을 공동시설 관리 참여	17	43.6	36	80.0
	방문객에게 농산물 판매	16	41.0	35	77.8
	농사체험 위한 체험농장 운영	9	23.1	26	57.8
	마을 인터넷 홈페이지 운영 도움	1	2.6	17	37.8
	사업 위한 주민조직 운영 참가	12	30.8	29	64.4

자료: 설문조사

농가에서 숙박하는 '농가민박'은 전원생활의 체험으로서 큰 부가가치가 되며, 영국, 프랑스, 독일, 오스트리아 등에서는 이미 도시민의 휴식장소로서 농가의 농업소득을 보완하는 부업으로서 넓게 보급되어 있다(山本雅之 2005). 그러나 일본에서는 그린투어리즘 개념이 도입되고 있지만, 농가에 숙박하는 경우는 드물고 체험농촌관광이 주류를 이루고 있으며, 숙박 일수도 짧기 때문에(溝尾良隆 2001), 민박수요를 확대할 방안이 모색되어야 농촌관광의 활성화를 기대할 수 있을 것이다.

넷째, 사업 후 마을에 나타날 영향으로 두 마을 모두 '마을의 땅값이 전반적으로 상승할 것'이라는 점만 제외하고는 전반적으로 긍정적인 영향을 예측했으며, 부정적인 영향에 대해서는 대체적으로 낮게 응답하였다. 따라서 일부 사업에 부정적 견해를 가지고 있거나 방관자적 입장을 취하는 마을 주민들에 대한 주민교육을 통한 참여의식 고취가 시급한 과제로 밝혀졌다. 아울러 참여의식을 고취시키려는 추진조직과 마을사무장의 노력이 요구된다.

다섯째, 사업 참여 이유에 있어서 신촌마을 주민은 '미래 효과를 위해'를 가장 높은 이유로 생각한 반면, 진목마을 주민은 '소득 증대에 직접적으로 도움이 되기 때문'이라는 응답이 가장 많았다. 이러한 결과는 앞서의 녹색농촌 체험마을 사업의 목표와 연관된 응답으로 풀이된다. 연구자의 현장 경험에 비추어 봤을 때 신촌마을은 진목마을보다 정주환경이나 마을소득 측면에서 훨씬 앞서 있다고 판단된다. 따라서 그러한 관점에서 신촌마을 주민은 장기적인 관점에서 미래 효과를 위해서 마을사업에 참여한다고 생각한 반면, 진목마을 주민은 당장 마을 소득 증대에 관심이 많은 것으로 볼 수 있다.

그러나 농촌관광마을의 성과가 당장 나타나는 것이 아니기 때문에 두 마을 주민(특히 진목마을)들은 장기적 관점에서 기다리는 여유와 함께 추진위와 마을사무장은 사업 초기에 소규모라도 주민들에게 이익이 돌아갈 수 있는 사업의 발굴 및 실행이 요구된다.

여섯째, 주민참여 활성화 방안으로는 두 마을 모두 교육, 견학 기회 확대가 가장 높게 나타나 사업을 통한 마을 발전을 위해서는 지속적인 교육과 전문가의 의견, 관계기관(공무원)의 관심과 지원 등이 필요하다. 특히 농사만 짓고 살았던 주민들에게 외부방문객을 맞이할 수 있는 서비스교육과 마인드를 심어 주는 주민교육이 매우 중요하다. 또한 마을 고유의 특성을 살린 프로그램의 개발과 그것을 현장에서 운영할 수 있는 주민의 능력개발, 무엇보다도 마을 주민 스스로가 일어설 수 있는 동기 부여가 매우 중요하며, 이를 위한 실천방안의 모색이 시급한 과제로 도출되었다.

〈표 5-4〉 마을에 나타날 영향 및 주민참여 활성화 방안

(단위: 명, %)

구 분		신촌마을		진목마을	
		빈도	구성비	빈도	구성비
사업 참여 이유	소득 증대에 직접적 도움	8	20.5	21	46.7
	미래 효과를 위해	12	30.8	6	13.3
	참여의 보람이 있어서	10	25.6	16	35.6
	혼자만 빠질 분위기가 아니어서	9	23.1	2	4.4

구 분		신촌마을		진목마을	
		빈도	구성비	빈도	구성비
마을에 나타날 긍정적 영향	마을을 찾는 방문객 증가	39	100.0	41	91.1
	마을의 땅값이 전반적으로 상승	26	66.7	8	17.8
	공동시설 개선으로 생활 편리	35	89.7	27	60.0
	주민들의 마을 일에 대한 관심 증대	33	84.6	38	84.4
	마을의 모습이 아름답게 변함	33	84.6	41	91.1
	집을 짓고 고치는 등 각종 개발행위 증가	30	76.9	32	71.1
	마을이 대외적으로 유명해지고 알려짐	31	79.5	40	88.9
마을에 나타날 부정적 영향	주민 간 갈등 증폭	4	10.3	3	6.7
	새로 조성한 시설이 마을과 부조화	3	7.7	2	4.4
	숙박시설과 음식점의 과도한 증가	4	10.3	5	11.1
	마을방문객 증가로 일거리만 증가	7	17.9	14	31.1
	이익이 몇몇 주민에게만 돌아감	3	7.7	8	17.8
주민참여 활성화 방안	교육, 견학 기회 확대	21	53.8	32	71.1
	사업 참여자에게 금전적 보상	8	20.5	7	15.6
	예산 집행, 공사 감독 등 재량권 확대	1	2.6	0	0.0
	순번을 정해서 일을 맡김	7	17.9	4	8.9
	실제 이익을 볼 사람이 주도	1	2.6	0	0.0
	기 타	1	2.6	2	4.4

자료: 설문조사

농촌관광을 통한 지속 가능한 농촌발전을 이루기 위해서는 외부 의존적 지역발전전략에서 벗어나 내발적 발전론(endogenous development)24)에 기초하여 주민이 주체가 되어야 한다. 다시 말해 중앙정부 주도의 하향식 계획 수립과 집행방식에서 벗어나 계획수립 착수단계부터 지역주민이 광범위하게 참여하는 상향적인 지역발전이 이루어져야 한다는 것이다. 농촌관광은 지역 주민이 주체가 되어 지역의 독특한 자원을 바탕으로 도시민을 유인하여 지역발전을 추구하는 새로운 유형의 연성관광(soft tourism)이며, 국내외적으로 녹색 및 생태관광의 형태로 구현되고 있다. 과소화·노령화된 우리나라의 농촌현실을 감안한다면, 농촌관광은 지속 가능한 농촌발전을 위한 현실적인 대안이 될 수 있다(이정록·안종현, 2005: 208).

---

24) 미야모토는 1989년 그의 저서 『환경경제학』에서 지속 가능한 발전의 대안으로 내발적 발전론을 "지역의 기업 조합 등 단체나 개인이 자발적 학습에 의해 계획을 세우고, 자주적인 기술개발을 기초로 지역 환경을 보전하면서 자원을 합리적으로 이용하며, 그 지역의 문화에 뿌리박은 경제발전을 이루면서 지방자치체의 손으로 주민복지를 향상시켜 가는 지역개발"이라고 정의하였다(박경, 2001).

농촌관광마을 만들기의 효과 비교 3

1. 체험 프로그램 운영

농촌체험 프로그램이란 참여자 스스로 자신의 움직임을 통해 해당 활동 또는 행사의 취지를 느끼고 진행자의 의도를 따라가는 시간대별 진행계획을 말한다. 농촌관광은 관광자가 농촌을 직접 방문하여 각종 자원을 소비하는 것으로서 직접 보고, 느끼고, 만들어 볼 수 있도록 한다는 측면에서 그 자체가 하나의 체험이며 농촌체험 프로그램은 이러한 농촌체험 활동이 일어나도록 계획된 진행계획을 말한다.

농촌체험 프로그램은 단순히 체험 그 자체에 머무는 것이 아니라 민박, 농산물 판매, 식음, 체험, 휴양 등과 연계하여 효과를 높여야 한다. 민박도 단순한 민박이 아니라 체험 프로그램이 덧붙여질 때 가치를 발휘하며, 지역 특성에 맞는 독특한 체험 프로그램은 이용객들에게 잊히지 않는 추억을 만들어 재방문을 유도하는 효과가 있다.

먼저 민박프로그램을 살펴보면, 신촌마을은 민박이 9곳(기존 3곳 포함)이나 된다. 이는 원래 마을계곡이 유명하고 특히 하계에는 피서인파가 마을계곡을 많이 찾기 때문이다. 또 다른 이유는 마을이 광양시에서 불과 15분 거리에 위치하고 있어 도시민이 내방하기에 적합한 거리이기 때문이다.

진목마을은 도시와 상대적으로 원거리에 위치하고 있을 뿐만 아니라 기존에 민박을 운영하던 곳도 한 곳도 없고 또한 민박수요 또한 거의 없었다고 볼 수 있다. 사실 농촌에서 농가민박을 운영한다는 게 쉬운 일은 아니다. 농가민박을 연중 내내 운영하려면 신경이 굉장히 많이 쓰일 수밖에 없고, 이게 농사일보다 생계를 유지하는 데 더 나아야 한다. 그러나 현실은 그렇지 않은 경우가 대부분이다. 따라서 진목마을의 경우 당장 수요도 없는데 무작정 민박을 준비한다는 것은 현실적으로 어려우리라 판단되고, 그에 따라 탄력적으로 운영할 수 있는 방안을 모색해야 한다. 그 방편으로 마을 중심의 체제를 유지하면 좋은데 예를 들면, 마을회관이나 다목적 체험관을 숙박시설로 활용할 수도 있고, 아니면 10가구 정도를 따로 뽑아서, 방 한 칸을 평소에는 그들이 쓰다가, 손님이 오면 내어 줄 수 있을 정도의 준비가 된 방 한 칸씩을 마련해 두도록 해서, 민박처럼 사용하는 방법을 병행할 수 있겠다. 또한 다목적 체험관과 마을회관을 숙박시설로 활용하는 방안도 있다.

체험 프로그램을 살펴보면, 두 마을 모두 체험 프로그램이 활성화되어 있지 않다. 그 이유는 체험 프로그램 자체에 대한 인식이 농가소득 측면에서만 고려가 되고 있기 때문이다. 농촌관광에 성공한 마을들을 보더라도 체험 프로그램이 많은 것이 아니다. 홍성환경농업마을만 하더라도 체험 프로그램이라고 해 봐야 황토옷 만들기 체험, 인절미 만들기, 새끼 꼬기 등 정도이다. 그래도 충분히 재미를 느끼고 그 안에서 삶의 가치를 다시 생성해 낸다. 프로그램이 다양하고 많아서 좋은 것이 아니다. 단 몇 개의 프로그램이라도 그것을 마을 주민 누가 효과적으로 운영하느냐가 관건이다. 그리고 체험 프로그램을 통한 수익을 크게 기대해서는 안 된다. 이 말은 다시 말해 체험 프로그램 자체가 목적이 돼서는 안 되고 민박, 음식 판매, 특산물 판매, 체험 프로그램이 패키지로 묶일 때만이 농가소득을 올릴 수 있을 것이다.

예를 들어, 진목마을엔 인근에 영화 〈천년학〉 세트가 있는데 이청준 선생의 생가와 함께 마을을 둘러보는 문학답사코스로 인기가 높다. 연중 대학생과 문학동호인[25]들이 찾고 있는데 그들이 단지 이청준 생가에 와서 구경만 하고 간다면(현실이 그렇다) 흔한 말로 마을엔 쓰레기만 남기고 갈 것이다.

적극적인 대처방안을 생각해 보면, 현재 이청준 생가 옆에 있는 다목적 체험관을 이청준 문학전시관과 카페로 운영하고 그 운영은 마을 부녀회에서 조를 나눠 관리·운영하면 될 것이다.

　여기서 일본과 우리나라의 사례를 살펴보면, 일본에서는 거품경제 후 1992년부터 그린투어리즘 정책이 도입되었는데 WTO나 우루과이 라운드로 타격을 입은 농촌재건을 위해 전국 각지에서 온천 발굴이나 인접한 숙박·휴양시설, 농산물 직판시설 등의 공적인 그린투어리즘 시설정비가 되었다.

　일본 농림수산성에서 정리한 전국규모 공적 그린투어리즘 시설의 2002년 연간 총매출액은 1,504억 7,834만 엔이며 구성비는 제1위가 직판시설로 49%, 이어 숙박시설 23%, 식음료시설이 16%, 보양·휴양 시설이 8%, 체험시설이 4% 등이다.[26]

　한편 우리나라는 2006년 10월 한국농촌경제연구원 조사에 의하면 관광마을당 평균 방문객 수는 5,117명/년, 총매출액은 67,868천 원/년으로 나타났다.[27] 농가민박(펜션 포함)의 평균 방문객 수는 275명/년, 총매출액은 5,507천 원으로 나타났다. 매출액 구성비는 관광마을에서는 농산물 판매, 민박수입, 음식물 판매순이고 농가민박에서는 민박수입, 농산물 판매, 음식물 판매순이다(박시현 외, 2007: 281). 이는 체험 프로그램이 그만큼 농가소득 측면에서는 별로 기여를 하지 않는다는 반증이다. 농촌체험 프로그램은 자연풍경과 농산물 등으로 이루어져 모든 마을의 프로그램이 대동소이하다는 점도 다양한 욕구를 가진 체험자들에게 100% 만족을 기대할 수 없는 실정이다. 특히 관광객들이 농촌관광마을을 방문할 때 고려사항의 1순위가 '체험 프로그램'(51명, 53.1%)[28]임을 고려할 때, 이러한 농촌관광마을 방문 고려사항과

---

25) 한양대학교 학생 100명, 제주교육대학교 학생 80명, 광주 동구교육청 독서어머니회 회원 200명 등 진목마을은 연간 5천 명 이상의 문학동호인들이 찾고 있으나, 이들을 마을 소득 증대에 효율적으로 활용하지 못하고 있는 실정이다.

26) 佐藤 誠, 2005, 『큐슈지역의 농촌관광의 주된 사례의 특징과 역할』, 해외전문가 초청세미나 자료집, 한국문화관광정책연구원, pp.1~2.

27) 2006년 농림부에서 시행한 38개 녹색농촌 체험마을 조사에서는 7-8월 2개월간 1개 마을당 평균 2,850명이 방문하였으며, 42,380천 원의 매출액을 올린 것으로 나타났다(농림부, 2006).

28) 설문조사 대상자 총 97명 기준.

어우러진 적절한 체험 프로그램의 개발이 중요하다.

〈표 5-5〉 농촌관광 방문객 수 및 매출액 규모

단위: 명, 천원,%

	방문객 수	총매출액	매출액 구성비(%)				
			민박수입	음식물 판매	농산물 판매	체험활동	기타
관광마을	5,117	86,378	29	19	36	16	0
농가민박	251	4,853	53	22	24	0	1

자료: 문항에 대답한 설문지 중 관광마을 22부, 농가민박 21부의 평균값

2. 경제적 변화

마을의 방문객 수를 살펴보면, 두 마을 모두 방문객에 대한 기본적인 통계를 가지고 있지 않아 정확한 내용을 알 수는 없으나, 개략적인 추산에 의한 연간 방문객 수는 신촌마을은 약 1만 5천 명이고 진목마을은 약 1만 명으로 신촌마을의 방문객이 더 많은 것으로 추정된다.

방문객 대부분은 두 마을 모두 여름철에 마을을 방문하였고 특히 신촌마을은 피서 철 마을계곡에 방문객이 집중되었고 진목마을은 호박축제 기간(7월)에 방문객이 집중한 것으로 나타났다. 진목마을은 그 외에도 이청준 생가를 찾는 방문객이 연중 지속되는 것으로 나타났고 신촌마을은 하계 피서 철 외에는 방문객이 저조한 것으로 나타났다.

방문객이 마을에서 소비한 경제적 가치를 봤을 때, 신촌마을은 주로 하계에 계곡에 피서를 오는 인파로 인해 민박과 음식 판매로 매출을 많이 올리고 있다. 그러나 진목마을은 신촌마을처럼 하계에 피서를 오는 것도 아니고 여건상 민박을 운영하는 집도 한 곳도 없기 때문에 민박과 음식 판매를 통한 매출은 전무한 실정이다. 그리고 마을에 위치한 이청준 생가에 국문학도를 비롯해 꾸준히 방문객이 찾고 있으나, 그들이 실질적으로 마을에서 소비하는 지출액은 기의 없다고 볼 수 있다. 이는 아직까지도 방문객을 대상으

로 한 소비지출 방안에 대해 연구와 대처가 없었기 때문이다. 따라서 방문객의 소비지출을 극대화시키기 위해 신촌마을에서는 백운산을 찾는 방문객에게 마을을 적극 알릴 필요가 있고, 진목마을은 평소 이청준 생가를 찾는 방문객을 타깃으로 이청준의 소설책과 각종 문학과 책과 관련한 소품 등을 판매할 수 있는 코너를 신설하고 간단한 차와 다과를 판매할 수 있도록 다목적 체험관을 운영할 필요가 있다.

그러나 진목마을은 못생긴 호박축제를 통해 마을이 외부에 알려져 방문객이 지속적으로 늘어나고 있다. 그리고 못생긴 호박축제 기간에는 약 1~2천 명의 방문객이 다녀가면서 축제기간 농산물 및 음식 판매로 수익을 올리고 있다. 이러한 점은 신촌마을과는 대조적인 점으로 진목마을이 가지는 장점이라고 할 수 있다.

두 마을에 새로 들어선 시설물에 대한 측면을 살펴보면, 신촌마을은 마을문화관과 찜질방이 신축되었고 마을창고는 다목적 체험관으로 리모델링되었다. 찜질방이 매주 주말에 운영이 되면서 마을 주민과 인근 마을 주민들이 이용하고 있는데 이 이용료는 찜질방을 운영하는 데 운영비로 충당하는 수준이어서 마을 수익에는 크게 보탬이 되지 않는 실정이다. 그리고 진목마을은 다목적 체험관이 들어섰으나 마을 특산물의 전시 판매나 음식의 판매 등이 전혀 이루어지지 않고 있어 시설물에 의한 경제적 효과는 전무한 실정이다.

문옥표(1998)는 농촌관광이 투자한 만큼의 수익성이 지속적으로 보장되지 않는다고 주장한다. 수익을 확보하기 위해서는 기본적으로 많은 관광객들이 유입되어야 하지만 충분한 관광객들이 방문하지 않을 경우 시설의 유지나 관리에 대한 부담은 결국 주민들의 경제적인 부담으로 안겨질 수밖에 없다는 것이다.

마을별로 특산품의 판매를 보면, 신촌마을은 녹색농촌 체험마을로 지정된 이후 마을특산품인 '형제의병장 배'의 판매가 눈에 띄게 늘었다. 이러한 결과는 체험마을 컨설팅을 통해 형제의병장 마을 캐릭터를 개발하고 캐릭터를 활용한 배 박스를 제작하고 브랜드이미지 통합 작업을 했기 때문으로 판단된다. 아울러 진목마을도 못생긴 호박을 컨셉으로 캐릭터를 개발하여 호박

박스 등을 제작하여 판매함으로써 호박 판매를 증가시켰다. 특히 진목마을은 마을 홈페이지이면서 쇼핑몰을 겸하고 있는 www.jinmok.com을 통하여 호박을 판매하고 있다. 이 점은 신촌마을이 마을 홈페이지를 전혀 활용하고 있지 않는 점에 비추어 볼 때 진목마을의 장점이라고 볼 수 있다.

결론적으로 두 마을의 사례를 통해 도출할 수 있는 최상의 모델은 마을에 들어선 시설물을 어떻게 적극적으로 활용할 것인가? 누구를 대상으로 활용할 것인가? 그리고 마을특산품을 어떤 채널과 마케팅을 통해 판매할 것인가에 대한 해답을 얻는 데 있다. 그에 대한 해답은 마을 고유축제를 개최하고 마을 홈페이지를 마을특산품을 판매할 수 있는 쇼핑몰로 운영하면서 아울러 마을에서는 민박과 음식 판매를 통해서 수익창출이 가능할 것이다.

3. 사회적 변화

두 마을 모두 녹색농촌 체험마을 추진위원회가 구성이 되어 사업이 시작되었다. 물론, 출발은 두 마을 모두 마을 이장의 리더십으로 출발이 되었으나, 시간이 흐르면서 두 마을은 각기 다른 양상을 보였다.

진목마을의 경우, 'K' 이장이 처음 사업을 이끌다가 체험마을 사무장이 되어 지속적으로 사업을 꾸려 왔으나, 추진위원 간에 의견충돌 등 사업추진의 어려움이 가중되면서 혼자서 큰 짐을 다 지는 상황이 벌어졌고 이로 인해 더 이상 사업진행에 어려움을 겪었으며, 못생긴 호박축제도 더 이상 못하겠다는 절망감에 빠져 있다. 이는 추진위원 측에서 봤을 때는 체험마을 사무장이 너무 큰 권력을 휘두른다는 편견을 낳았고 결국은 누군가가 이 사업을 주도적으로 끌고 가야 하는 데 한계를 보이고 있다. 다행히 'K' 사무장에 이어 'O' 사무장이 바통을 이어 마을을 꾸려 나가고 있으나, 못생긴 호박축제마저 개최하지 않는다면, 마을은 앞으로 어떻게 될 것인지, 알 수 없는 형국을 맞고 있다. 그렇다고 해서 호박이 많이 필려서 주민들에게 동기 부여가 되는 것도 아닌 상태이며, 쇼핑몰을 통한 호박 판매도 극히 미진한 실정이다. 다만, 못생긴 호박축제를 통해 마을이 외부에 많이 알려졌고, 3회 개최를 통해 그 가능성을 확인했다는 데 고무적인 일이라 판단된다. 앞으로 지속적으로 축제를 개최하면서 프로그램과 볼거리를 보강한다면, 마을의 장래는 그리 어둡지 않다고 판단된다.

신촌마을의 경우, 진목마을과는 사뭇 다른 양상을 보이고 있다. 운영위원장이자 이장인 'J' 이장은 남다른 리더십으로 마을을 이끌더니 2007년에는 행정자치부의 정보화 시범마을에 선정되어 마을에 3억 원이 투입되는 성과를 나타냈다. 그리고 녹색체험마을 추진위원회를 이끌어 가면서 마을 주민들의 동의를 구하고 성과를 같이 공유하면서 마을 주민의 삶의 질을 높여감과 동시에 잘사는 마을로 변모해 가는 데 일조를 다하고 있다.

4

소　결

　본 장에서는 그린투어리즘에 기초한 농촌관광마을의 사례로서 전남 광양시 봉강면 신촌마을과 전남 장흥군 회진면 진목마을을 사례로 주민참여의 특징을 고찰하고 각 마을에서 운영하는 체험 프로그램을 조사·분석하였다. 또한 도농교류, 특산물 판매, 민박 등 경제적인 변화와 주민 간 갈등 발생 등 사회적 변화를 비교·분석하고 연구된 내용의 결과를 요약하면 다음과 같다.

　첫째, 주민참여의 특징을 비교·분석한 결과, 녹색농촌 체험마을 사업의 목표에 있어 신촌마을 주민은 '도로나 주택, 상하수도 등 마을의 기반시설을 개선'하는 것을 목표로 생각했고, 진목마을 주민은 '농산물 판로 개척 및 신규 소득 작목을 개발'하는 것을 목표로 생각하고 있었다. 또한 사업 참여 이유에 있어서 신촌마을 주민은 '미래 효과를 위해'를 가장 높은 이유로 생각한 반면, 진목마을 주민은 '소득 증대에 직접적으로 도움이 되기 때문'이라는 응답이 가장 많았다. 연구자의 현장 경험에 비추어 봤을 때 신촌마을은 진목마을보다 정주환경이나 마을소득 측면에서 훨씬 앞서 있다고 판단된다. 따라서 그러한 관점에서 신촌마을 주민은 장기적인 관점에서 미래 효과를 위해서 마을사업에 참여한다고 생각한 반면, 진목마을 주민은 당장 마을소득 증대에 관심이 많은 것으로 볼 수 있다.

　둘째, 체험 프로그램을 민박 프로그램과 체험 프로그램으로 나누어 비교·분석한 결과, 민박프로그램은 신촌마을이 훨씬 앞서가고 있었다. 이는 전술한 바와 같이 신촌마을은 하계 피서인파가 많이 찾고 있으나, 진목마을은 민박수요가 거의 없는 점이 비교되는 특징이라 할 수 있다. 그래서 민박을 통한 농외소득 창출이 중요하고 그에 따른 대책이 필요함을 알 수 있다. 체험 프로그램을 비교·분석한 결과, 두 마을 모두 체험 프로그램이 활성화되어 있지 않았다. 그 이유는 체험 프로그램 자체에 대한 인식이 농가소득 측면에서만 고려되고 있기 때문이었다. 따라서 이러한 문제를 해결하기 위하여 소수의 프로그램을 정예화된 마을 주민이 담당하고 이를 민박, 음식 판매, 특산물 판매와 연계해야만 한다. 일본에서도 연간 총매출액의 4%만이 체험시설을 통한 매출인 것을 보면 우리나라 농촌관광마을에 시사하는 바가 크다 하겠다.

셋째, 경제적 변화 측면을 비교·분석한 결과, 두 마을은 각각 장단점을 보유하고 있었다. 먼저 신촌마을은 여름 하계에 피서객이 많이 찾음으로 해서 민박, 음식 판매 등으로 마을소득을 올리고 있었으며, 진목마을은 쇼핑몰을 통한 호박 판매와 못생긴 호박축제를 통한 음식, 특산물 판매가 두드러진 특징이었다. 사업을 통한 신축 또는 리모델링된 시설물을 보면, 신촌마을은 마을창고를 리모델링해 마을 어메니티를 한층 부각시키고 있었으며, 황토찜질방 운영을 통해 운영비의 일부를 충당하고 있었다. 그러나 진목마을은 다목적 체험관 등 시설물에 의한 경제적 효과는 전혀 발생하지 않고 있었다. 마을별로 특산품 판매를 보면, 신촌마을과 진목마을 모두 배, 호박 등 마을특산품의 판매가 체험마을로 선정되기 전보다 눈에 띄게 늘었다. 특히 진목마을은 마을 홈페이지(쇼핑몰)를 통해 호박을 전국적으로 판매하고 있어 신촌마을과 비교되는 특징이라고 할 수 있다.

넷째, 사회적 변화 측면을 비교·분석한 결과, 신촌마을은 이장이자 체험마을추진위원장인 'J' 이장이 뛰어난 리더십으로 마을을 이끈 결과, 2007년에 행정자치부의 정보화 시범마을에 선정되어 마을에 3억 원을 끌어오는 등 역할을 하고 있는 반면, 진목마을은 사업출범 당시 이장이었던 'O' 씨가 마을사무장으로 직을 바꿔 사업을 추진하다가 추진위원 간 갈등이 생겨 완전히 사업에서 손을 떼고 평범한 마을 주민으로 돌아갔다. 새로이 체험마을 사무장이 들어왔으나, 현재까지도 불협화음은 지속되고 있으며, 못생긴 호박축제도 폐지하자는 의견이 비등하는 등 두 마을은 사뭇 다른 양상으로 보이고 있다.

제6장

결론 및 정책시사

　본 연구는 그린투어리즘과 농촌관광마을의 개념을 정리하고 관련된 각종 정책을 정리 및 소개하면서 두 마을을 사례로 주민참여의 특징을 고찰하고 농촌관광마을에서 주민참여의 다양한 스펙트럼이 존재한다는 것을 알 수 있었다. 또한 두 마을의 체험 프로그램과 경제적·사회적 변화의 비교·분석을 통해 농촌관광마을의 성과와 문제점을 비교·분석하였다. 이를 토대로 지금까지 논의된 연구결과를 요약하면 다음과 같다.

　첫째, 두 마을의 주민참여의 특징을 비교·분석한 결과, 녹색농촌 체험마을 사업의 목표에 있어 신촌마을 주민은 '도로나 주택, 상하수도 등 마을의 기반시설을 개선'하는 것을 목표로 생각했고, 진목마을 주민은 '농산물 판로 개척 및 신규 소득 작목을 개발'하는 것을 목표로 생각하고 있었다. 또한 사업 참여 이유에 있어서 신촌마을 주민은 '미래 효과를 위해'를 가장 높은 이유로 생각한 반면, 진목마을 주민은 '소득 증대에 직접적으로 도움이 되기 때문'이라는 응답이 가장 많았다. 연구자의 현장 경험에 비추어 봤을 때 신촌마을은 진목마을보다 정주환경이나 마을소득 측면에서 훨씬 앞서 있다고 판단된다. 따라서 신촌마을 주민은 장기적인 관점에서 미래를 위해서 마을사업에 참여한다고 생각한 반면, 진목마을 주민은 당장 마을 소득 증대에 관심이 많은 것으로 볼 수 있다.

　농촌관광마을 만들기의 궁극적 목표는 과소화·낙후화된 농촌마을에 활력을 불어넣고 도시민의 여가수요를 충족시키면서 농가소득을 확대하는 데 그 목표가 있다. 마을의 기반시설 개선과 농산물 판로 개척 및 신규 소득 작목 개발은 농촌관광마을 만들기에 있어 수단이 되어야지 목표가 되어서는 안 된다고 본다. 이 점에서 주민교육이 절실히 필요함을 알 수 있다.

둘째, 체험 프로그램을 비교·분석한 결과, 두 마을 모두 체험 프로그램이 활성화되어 있지 않았다. 이는 체험 프로그램을 운영할 적합한 인력이 없는 점도 있지만, 그 자체로는 소득이 크게 발생하지 않기 때문이기도 하다. 그렇다 하더라도 농촌관광마을에서 체험 프로그램이 빠진다면, 소득과 연계시킬 수 있는 요소가 없기 때문에 음식 판매, 민박, 특산품 판매 등과 연계하여 농촌관광 상품을 개발하는 것이 선결해야 할 과제로 대두되었다. 무엇보다도 체험 프로그램에 대한 인식의 전환이 필요함을 알 수 있다.

셋째, 경제적 변화 측면을 비교·분석한 결과, 두 마을은 각각 장단점을 보유하고 있었다. 먼저 신촌마을은 하계에 많은 피서객이 방문함으로써 마을 소득을 올리고 있었으며, 진목마을은 쇼핑몰을 통한 호박 판매와 '못생긴 호박축제'를 통한 음식, 특산물 판매가 두드러진 특징이었다. 또한 사업을 통해 신촌마을은 마을창고를 리모델링해 마을 어메니티를 한층 부각시키고 있었으며, 황토찜질방 운영을 통해 운영비의 일부를 충당하고 있었다. 그러나 진목마을은 다목적 체험관 등 시설물에 의한 경제적 효과는 전혀 발생하지 않고 있었다. 농촌관광이 투자한 만큼의 수익을 확보하기 위해서는 기본적으로 많은 관광객들이 유입되어야 하는데 그렇지 않을 경우 시설의 유지나 관리 등 부담은 결국 주민들의 경제적 부담으로 안겨질 수밖에 없는 현실이다. 마을별로 특산품 판매를 보면, 신촌마을과 진목마을 모두 배, 호박 등 마을특산품의 판매가 체험마을로 선정되기 전보다 눈에 띄게 증가하였다.

넷째, 사회적 변화 측면을 비교·분석한 결과, 두 마을 모두 마을리더와 주민들 간에 크고 작은 마찰과 분쟁이 있어 왔다. 그러나 결과적으로는 두 마을이 다른 양상을 보였다. 신촌마을은 체험마을추진위원장과 마을 이장을 겸임하는 마을리더가 뛰어난 리더십으로 마을을 이끈 결과, 2007년에 행정자치부의 정보화 시범마을에 선정되어 마을에 3억 원을 끌어오는 등 역할을 하고 있는 반면, 진목마을은 사업출범 당시 이장이 마을사무장으로 직을 바꿔 사업을 추진하다가 추진위원 간 갈등이 생겨 완전히 사업에서 손을 떼고 평범한 마을 주민으로 돌아갔다. 새로이 체험마을 사무장이 들어왔으나, 현재까지도 불협화음은 지속되고 있으며, 못생긴 호박축제도 폐지하자는 의견이 비등하는 등 두 마을은 사뭇 다른 양상을 보이고 있다.

다섯째, 두 마을의 성과와 문제점을 비교·분석한 결과, 두 마을 모두 기본적으로 다른 마을에 비해 여러 가지 편의시설이 신축 또는 리모델링됨에 따라 정주환경이 개선되는 효과를 가져왔다. 또한 각 마을의 특산품인 배와 호박이 마을별로 브랜드를 가지고 판매됨으로써 사업 전보다 훨씬 체계적인 판매와 유통이 이루어지고 있었다. 특히 신촌마을은 행자부의 정보화 시범마을에 선정되는 쾌거를 이룸으로써 관련 사업과의 연계를 통해 한층 더 마을을 부각시킬 수 있게 된 점은 특징이다. 반면 문제점으로는 두 마을 모두 리더와 주민들 간에 완벽한 협조체계가 미흡하다는 점이다. 어느 조직이나 100% 완벽할 순 없겠으나, 과소화된 마을에서 그나마 남아 있는 젊은 인력이 서로 협조체계가 이루어지지 않는다면, 장기적 관점에서 체험마을의 미래는 불투명할 것이기 때문이다. 또한 두 마을 모두 주민들의 실질적인 소득과 연계되는 사업이 부족하다는 점을 들 수 있다. 이는 마을공동의 사업을 의미하는데, 조그마한 사업이라도 개개인에게 소득이 돌아간다면, 사업에 참여하지 말라고 해도 자연스럽게 참여할 것이다. 특히 진목마을의 경우, 추진위원 측에서 못생긴 호박축제를 폐지하자는 의견이 있지만, 막상 축제를 개최하면 언제 그랬냐는 듯이 주민들이 열심히 참여하는 것을 보면 사업을 통한 효과를 당장 보려고 하기보다는 좀 더 장기적인 관점에서 봐야 한다는 판단이다.

여섯째, 진목마을의 못생긴 호박축제에 방문한 관광객의 관광행태를 분석한 결과, 유아~초등 6학년의 자녀를 둔 30대 이상의 대졸 이상 고학력자층이 축제에 방문한 것을 알 수 있었으며, 이들은 1인당 10,989원을 지출한 것으로 분석되었다. 또한 농촌관광 추구편익을 보면, 마을의 특산물과 음식을 즐기고 풍요로운 자연환경과 경관을 만나며 가족 및 친지들과 가족애를 돈독히 하는 것을 농촌관광의 추구편익으로 생각하고 있었다. 그리고 마을축제가 필요하다는 의견이 필요치 않다는 응답보다 월등히 앞선 것으로 나타났으며 마을축제가 도농교류를 증진시킨다는 의견이 그렇지 않다는 응답보다 높게 나타남으로써 마을축제가 도농교류에 긍정적 영향을 미칠 것으로 생각하고 있었다. 또한 못생긴 호박축제에 방문하여 느낀 '전반적 만족도'는 만족한다는 응답이 만족하지 않는다는 응답보다 높게 나타났고 내년에도 다시 방문하겠다는 응답이 하지 않겠다는 응답보다 높게 나타났으며 주위 다른 사람에게 못생긴 호박축제를 추천하겠다는 응답 또한 하지 않겠다는 응답보다 훨씬 높게 나타나 전반적 만족도와 재방문, 추천의도에 있어 모두 긍정적인 응답이 높게 나타났다.

농촌관광마을 조성에 있어 목표설정은 가장 중요하며 분명해야 하고 해당 마을 주민이 동의하는 것이어야 한다. 왜냐하면 농촌관광은 마을 주민의 참여 없이는 지속될 수 없으며 나아가 경제효과 없이는 마을 주민의 참여는 더욱 어렵기 때문이다. 따라서 이러한 점을 고려해 해당 마을의 농촌관광의 목표를 설정하여야 한다. 농촌관광은 마을 주민이 직접 참여함으로써 마을의 현재와 미래를 구상하여 마을계획을 수립하고 체계적이고 장기적인 농촌개발 및 관광계획과 지역주민 주도를 위한 사람 만들기(인력육성 및 마을 주민 조직화)가 향후 농촌관광에 있어서 고려해야 할 중요한 요소라고 할 수 있다.

현재의 농촌 관광 여건을 고려할 때, 뉴 트렌드로서의 가치가 언제까지 이어질지는 의문이다. 단순한 농촌체험의 범주를 벗어나 이를 보완하고 새로운 농촌관광의 패러다임을 만들기 위해서는 새로운 수요를 창출하는 것이 중요하다. 농촌관광마을의 방문객이 해가 거듭될수록 줄어들고 있는 것은 부인할 수 없는 사실이다. 일사일촌(一社一村)의 경우 한두 번 방문한 직원들이 비슷비슷한 농촌 체험 프로그램으로 흥미를 잃어 가고 있기 때문이다. 해마다 똑같은 농촌 체험 프로그램일지언정 색다른 요소가 더해져 의미 있는 시간을 가질 수 있다면 사정은 달라질 것이다.

농촌관광마을은 마을 주민의 주체적 참여가 중요하며, 그 실천을 위한 사람(조직) 만들기에 주력해야 한다. 지나친 경제적 이익을 추구하지 않고, 장기적 관점에서 농촌관광을 통하여 마을의 활성화를 도모하는 마을 주민의 인식 전환을 유도해야 한다. 또한 농촌관광마을의 성공적인 조성을 위하여 관련 주체의 협력이 확보되어야 하며, 관련 주체의 역할이 중요하다.

농촌관광마을의 조성은 결과적인 것이 되어야지 수단이 되어서는 안 된다. 다시 말해 전혀 농촌관광에 대한 목적이나 의도하지 않음에도 도시민들이 마을의 경관과 아름다운 삶이 전파되어 자연스럽게 사람들이 찾아오고 그들을 위한 숙박과 농산물 판매 등 편의시설을 보강하게 되고 그것이 결국 농촌관광이라는 단어로 귀결되는 것이다.

그린투어리즘의 성공은 주민들의 자율적인 참여와 마을 주민들이 주도하는 것에 달려 있다고 해도 과언이 아니다. 주민 모두가 적극적인 참여를 통해 작은 일부터 실천하면서 점차 단계적으로 확대 실행해 나가는 것이 중요하다. 즉, 평소에 해 오던 일들을 약간 다듬어서 외부 손님들과 나눈다는 정도의 소박한 생각으로 자신들이 사는 마을 가꾸기부터 시작하는 것이 필요하며, 주민 모두가 공동으로 마을의 삶의 터전을 함께 가꿀 때 더 많은 강점이 있다. 그리고 작은 일이라도 주민 간의 자율적인 합의를 통해 완성해 나아가야 할 것이다. 또한 행정에서는 리더 육성을 위한 지속적인 교육 추진과 함께, 마을에서는 마을만이 자랑할 수 있는 다른 마을과 다른 차별화 전략의 수립과 함께 틈새전략을 세워야 한다.

그린투어리즘 성공의 열쇠는 무엇보다 주민들의 의지라고 할 수 있다. 따라서 우리나라 농어촌 지역에 그린투어리즘이 성공하고, 정착하기 위해서는 주민의 의지가 확고하고, 주민들이 주도하는 마을만이 가능할 것이다.

본 연구는 농촌관광마을에서 주민참여의 특징을 비롯해 성과와 문제점에 관련된 내용을 사례대상마을을 통하여 구체적으로 분석하였기 때문에 비슷한 문제점에 직면한 많은 다른 농촌관광마을에서도 마을이 가지고 있는 문제점을 구체화하고 효과적인 농촌관광마을을 만들기 위한 사례로 활용될 수 있을 것이다.

1. 국내문헌

강신겸(2002), 「마을단위 녹색관광개발의 추진과 과제」, 관광농업연구, 제9권 1호, 한국농촌관광학회.

강신겸(2003), 「농촌관광, 농촌도 상품이다」, 농업기반공사, 농촌관광 마을지도자 워크숍 자료.

강혜정 역(2005), 『마을 만들기의 발상』, 소화(田村明, 1987, まちづくりの發想, Iwanami Shoten).

고선영(2006), 「장소자산에 기반한 농촌체험관광마을의 유형화 - 경기도 4개 마을을 사례로」, 서울대학교 박사학위논문.

고성호 외 공역(2002), 『사회조사방법론』, 도서출판 그린(Babbie, Earl., 2001, *The Practice of Social Research* - 9th ed, Thomson Learning).

구자인(2007), 「우리 농촌 현실과 마을만들기」, 녹색평론 제95호, 녹색평론사.

김용웅 외(2003), 『지역발전론』, 한울.

김정호 외(2007), 「한·미FTA 농업부문 국내보완대책 토론회 결과 자료」, 농촌경제연구원.

김종은 외(2006), 『관광지리자원론』, 백산출판사.

김찬호(2000), 「일본의 도시화 과정에서 마을만들기의 전개와 주민참여」, 도시행정학보, 제13권 제1호, 한국도시행정학회.

김형국(2002), 『고장의 문화판촉: 세계화시대에 지방이 살 길』, 학고재.

김혜민(2006), 「농촌마을개발사업의 전개와 주민참여에 관한 연구: 산청 남사 전통테마마을을 대상으로」, 농촌계획, 제12권 제3호.

김태곤(2001), 「농촌지역의 지속가능한 발전방향」, 국토, 제236호.

나윤중·김재석(2007), 「아마추어관광 활성화를 통한 영역적 개발모델에 관한 연구: '지속가능한 관광개발'의 정책적 방향에 대한 탐색」, 관광학연구, 제

31권 제2호, 한국관광학회.

노승대 외(1993), 『마을축제』, 도서출판 민학.

류선무 외(2003), 『그린투어리즘 이론과 실제』, 백산출판사.

문옥표(1996), 『일본의 농촌사회』, 서울대학교출판부.

문옥표(2000), 「그린투어리즘의 생산과 소비: 일본 군마현 편품촌의 '총합교류터미널'사례를 중심으로」, 농촌사회, 제10집.

박경(2001), 「미야모토의 주민자치와 내발적 발전」, 공간이론의 사상가들, 한울.

박금용(2004), 「그린투어리즘의 운영 및 이용실태에 관한 연구」, 건국대학교 박사학위논문.

박덕병 외(2006), 「농촌관광 활성화를 위한 농촌관광마을 방문객 선호 및 시장세분화」, 농촌진흥청 농촌자원개발연구소.

박성희(2003), 「장소 판촉을 통한 농촌 개발의 가능성에 대한 연구」, 서울대학교 석사학위논문.

박시현(2003), 「농촌관광을 통한 지역경제 활성화」, 국토, 제263호.

박시현·김용렬·최경은(2007), 「농촌관광: 산업화를 위한 과제」, 농업전망 2007, 한국농촌경제연구원.

박재철·송광인·박천창·김현욱·심재건·이기봉(2006), 「농촌마을 가꾸기 경진대회 참여 마을의 농촌관광 성과분석: 도시민 유치실적과 소득 및 고유 축제를 중심으로」, 농촌계획, 제12권 제3호.

서규선(2006), 「화성시 농촌전통테마마을 운영성과와 발전 방안」, 한국농촌지도학회지, 제13권 제1호.

송두범(2002), 「농어촌지역 활성화를 위한 그린투어리즘 육성방안」, 충남발전연구원.

송미령·성주인(2004), 「주민참여형 마을개발사업의 평가와 모형 정립」, 연구자료 R482, 한국농촌경제연구원.

송미령·성주인(2005), 「농촌관광의 현실과 비전」, 2005 농업전망, 한국농촌경제연구원.

송미령·성주인·박경철(2006), 「살고 싶은 농촌 만들기」, 정책연구보고 P86, 한국농촌경제연구원.

안종현(2007), 「주민참여를 통한 농촌관광마을만들기: 전남 장흥군 진목마을을 사례로」, 대한지리학회 2007 연례학술대회 발표자료.

안종현(2007), 「주민참여에 의한 농촌관광마을 만들기: 장흥군 진목마을을 사례로」, 한국경제지리학회지, 제10권 제2호, 한국경제지리학회.

엄붕훈(2006), 「그린투어리즘을 위한 농산어촌 체험마을 현황 분석: 농촌관광 인터넷 포털사이트 분석을 중심으로」, 농촌계획, 제12권 제4호.

엔도 야스히로 저, 김찬호 역(1997), 『이런 마을에서 살고 싶다』, 황금가지.

오현석(2004), 「서유럽 농촌관광의 발전과 시사점」, 국토, 제272호.

오현석·김정섭(2002), 『어메니티와 지역개발』, 새물결출판사.

이경희(2004), 「농촌관광에 대한 선행연구 고찰」, 문화관광연구, 제6권 제1호.

이애정(2003), 「무주군 녹색관광계획: 부남면 대소마을을 중심으로」, 서울대학교 석사학위논문.

이연택(2004), 「국가관광정책에 있어서 지역주민참여에 관한 연구」, 관광학연구, 제28권 제3호, 한국관광학회.

이인배 외(2005), 「충청남도 농촌체험관광 실태와 활성화 방안 연구」, 충남발전 연구원.

이재준·이상문(2003), 「지속가능한 농촌발전을 위한 주민참여 요인분석에 관한 연구」, 대한국토·도시계획학회지 국토계획, 제38권 제3호.

이정록(2003), 「지역발전을 위한 생태·녹색관광 전략: 전남 함평군을 사례로」, 지역개발연구, 제35권 제1호, 전남대학교 지역개발연구소.

이정록·안종현(2004), 「지역축제 방문객의 만족도 결정요인에 관한 연구: 곡성 심청축제를 중심으로」, 한국지역지리학회지, 제10권 제3호, 한국지역지리 학회.

이정록·안종현(2005), 「그린투어리즘과 관광마을 만들기: 이론과 실제」, 지리학 논총, 제45호, 서울대학교 국토문제연구소.

이후석(2001), 『생태관광』, 백산출판사.

이후석·이홍규·오민재(2004), 『신 관광과 지역사회』, 기문사.

이희찬(2007), 「농촌관광 시장규모 추정」, 관광학연구, 제31권 제4호, 한국관광학회.

장흥군(2006), 「생태체험마을 기본계획」, 전남대학교 지역개발연구소.

정기환(2001), 「농촌지역활성화를 위한 그린투어리즘 정책의 발전방향」, 농촌경 제, 제24권 제2호.

정기환 외(2005), 「농촌의 내발적 지역활성화에 관한 한·일 비교 연구 제1차 워 크숍 자료」, 농촌경제연구원.

정현욱 외(2002), 「농촌개발을 위한 그린투어리즘과 지방정부의 역할」, 한국지방 자치학회보, 제14권 제4호.

조록환(2003), 「농촌관광사업 지역의 사회자본이 주민참여에 미치는 영향」, 서울 대학교 박사학위 논문.

조록환 외(2005), 「도시민의 농촌관광 실태 및 선호도 분석」, 문화관광연구, 제7 권 제3호, 한국문화관광학회.

조재환 외(2003), 「농촌관광에 대한 도시민 선호분석」, 농업경영·정책연구, 제30 권 제3호.

주대진(2004), 「농촌관광정책에 의한 관광마을 조성사업에 참여하는 주민의 특성」, 서울대학교 석사학위 논문.

주대진・김진모(2004), 「농촌마을종합개발사업 주민참여 방법론 탐색」, 한국농촌지도학회지, 제11권 제2호.

최경은(2006), 「농촌지역발전과 학습 네트워크에 관한 연구」, 서울대학교 석사학위논문.

최성애(2001), 「지속가능한 어촌관광에 관한 고찰」, 해양수산, 제188호.

충남발전연구원 역(2006), 『도시와 농촌이 공생하는 마을만들기』, 한울(山本雅之, 2005, 農ある暮らしで地域再生: アグリ・ルネッサンス, Gakugei Shuppansha).

충북대학교(2006), 「농촌 어메니티 자원을 활용한 사례별 농촌마을 모형 설계」, 농림부.

허장・정기환(2003), 「농촌마을의 발전과 새로운 리더십」, 농촌사회, 제13권 제1호.

홍성권・김성일(2002), 「녹색관광의 참여의도에 관여하는 영향인자와 제한요인 규명」, 한국조경학회지, 제30권 제1호.

홍성권 외(2003), Implication of Potential green tourism development, *Annals of Tourism Research*, 30(2).

LG경제연구원(2006), 「2010 대한민국 트렌드」, 한국경제신문.

佐藤 誠(2005), 「큐슈지역의 농촌관광의 주된 사례의 특징과 역할: 큐슈의 투어리즘 추진과 그린라이프 형성(九州各地におけるツーリズム推進とグリーンライフ九州の形成)」, 한국문화관광정책연구원, 해외전문가 초청세미나 자료집.

千賀 裕太郎・유학렬(2005), 「日本における都市農村交流による內發的農村開發について: グリーンツーリズムの價値構造について」, 한국농촌경제연구원, 농촌의 내발적 지역활성화에 관한 한・일 비교 연구 제1차 워크숍 자료.

2. 외국문헌

東徹外(1999), 『持續可能な觀光と地域發展へのアプローチ』, 泉文堂.

Brandon, K.(1993), *Basic steps toward encouraging local participation in nature tourism projects.* In K. Lindberg & D.E Hawkius(eds.), Ecotourism: A Guide for Planners and Managers, pp.134~151, The Ecotourism Society, North Bennington, VT.

Fennell, David A.(1999), *Ecotourism: an Introduction,* Routledge.

Kozlowski, J and G., Hill.(1993), Towards Planning For Sustainable Development
 － A Guide for the Ultimate Environmental Threshold(UET) Method, Avebury.

Hall, C. Michael and Alan A. Lew, *Sustainable Tourism: A Geographical Perspective.*
 New York: Longman.

Hall, D., Roberts, L., and Mitchell, M.(2005), *New directions in rural tourism,* Ashgate.

Roberts, L., & Hall, D.(2001), *Rural Tourism and Recreation: Principles to Practice,*
 New York: CABI Publishing.

Sharpley, R.(2002), Rural tourism and the challenge of tourism diversification: The
 case of Cyprus. *Tourism Management,* 23(3), pp.233～244.

Shaw, G. and Williams, A. M.(2002), *Critical issues in tourism,* Blackwell.

Williams, S.(1998), *Tourism Geography, Rouledge,* London.

3. 기 타

삼성경제연구소: http://www.seri.org

지역아카데미: http://terrami.cdisk.co.kr

신촌마을 홈페이지: http://www.farmtour.co.kr

진목마을 홈페이지: http://www.jinmok.com

농림부, 2006. 9, 「한나라당 김명주 의원 요구자료 제출」

안종현, 2008. 1. 25, 「관광객을 부르는 힘, 관광카드」, 무등일보.

오현석, 2004, 「우리나라 농촌관광, 어떻게 할 것인가?」, Agroinfo Issue No.10:
 http://www/agroinfo.net에서 발췌.

오현석, 2002, 「농촌관광과 어메니티 시장의 발전」, Agroinfo Issue No.1: http://www/-
 agroinfo.net에서 발췌.

안종현　jhahn@chonnam.ac.kr

▌약 력

전남대학교 대학원 지리학과(지리학 박사)
전남대학교 지리학과 강사
완도관광카드사업 운영위원회 자문위원
목포대, 동신대 강사

▌주요논문 및 연구

「마을축제를 통한 농촌관광마을 만들기」
「주민참여에 의한 농촌관광마을 만들기」
「지역축제 방문객의 축제 프로그램 평가에 관한 연구」
「지역축제 방문객의 만족도 결정요인에 관한 연구」
「남해안 선벨트 개발에 대한 기본구상」
「광주시 외국어 관광가이드 인큐베이터 운영」
「완도군 재래시장 활성화 방안」
「2008, 2007, 2006 완도장보고축제 평가」
「완도관광카드사업 기본계획 수립 및 실행」
「드라마 해신과 장보고 문화자원을 활용한 관광활성화 계획」
「장흥군 생태체험마을 기본계획 수립」
외 다수

주민과 함께하는 **농촌관광마을 만들기**

초판인쇄 | 2009년 2월 27일
초판발행 | 2009년 2월 27일

지은이 | 안종현
펴낸이 | 채종준
펴낸곳 | 한국학술정보㈜
주 소 | 경기도 파주시 교하읍 문발리 513-5 파주출판문화정보산업단지
전 화 | 031) 908-3181(대표)
팩 스 | 031) 908-3189
홈페이지 | http://www.kstudy.com
E-mail | 출판사업부 publish@kstudy.com

등 록 |
가 격 | 24,000원

ISBN　978-89-534-1314-6 93330 (Paper Book)
　　　　978-89-534-1315-3 98330 (e-Book)